互联网＋新媒体营销规划丛书

软文营销

丛书主编 **秋叶** / 梁芷曼 编著

人民邮电出版社

北　京

图书在版编目（ＣＩＰ）数据

软文营销 / 梁芷曼编著. -- 北京 : 人民邮电出版
社, 2018.5（2023.12重印）
（互联网+新媒体营销规划丛书）
ISBN 978-7-115-48072-9

Ⅰ . ①软… Ⅱ . ①梁… Ⅲ . ①市场营销学－文书－写
作 Ⅳ . ①F713.50

中国版本图书馆CIP数据核字(2018)第047962号

内 容 提 要

　　本书共分 6 章。第 1 章重点介绍软文及软文营销的定义、新媒体软文与传统软文的区
别以及新媒体软文营销的三个特征，让读者对软文营销的基础知识有一个初步的认识；第
2 章重点介绍软文营销的整体设计和具体应用，结合案例详细讲解软文营销全流程设计的
五大步骤、爆款软文的四大关键环节以及软文灵感的三大来源，引导读者系统全面地了解
软文营销的实操步骤和技能；第 3 章重点介绍提升软文营销效果的三大制胜法宝，包括设
置引人注意的关键词、促人行动的故事软文以及诱人转发的五大传播设计；第 4 章重点介
绍玩转五大平台的软文营销写作技巧，包括新闻资讯类平台、微信微博平台、问答类平台、
个人社交类平台、社群类平台的软文营销写作技巧及案例解析；第 5 章重点介绍软文投放
的媒体组合策略和软文营销的效果评估；第 6 章重点介绍软文营销的注意事项及风险防范。

　　本书适合企业营销的学习者和从业者阅读，也可作为本科院校及职业院校市场营销
类、企业管理类、商务贸易类、电子商务类专业软文营销课程的教学用书。

◆ 编　　著　梁芷曼
　　责任编辑　古显义
　　责任印制　马振武

◆ 人民邮电出版社出版发行　　北京市丰台区成寿寺路 11 号
　　邮编　100164　　电子邮件　315@ptpress.com.cn
　　网址　http://www.ptpress.com.cn
　　固安县铭成印刷有限公司印刷

◆ 开本：720×960　1/16
　　印张：12　　　　　　　　　2018 年 5 月第 1 版
　　字数：190 千字　　　　　　2023 年 12 月河北第 17 次印刷

定价：39.80 元
读者服务热线：(010) 81055256　印装质量热线：(010) 81055316
反盗版热线：(010) 81055315
广告经营许可证：京东市监广登字20170147号

丛书编委会

主　　编　秋　叶

副 主 编　哈　默　勾俊伟　萧秋水

成　　员　张向南　刘　勇　秦　阳　叶小鱼　梁芷曼

　　　　　谢　雄　陈道志　乔　辉　麻天骁　葛佳佳

　　　　　孙　静　韩　放　贾　林

P

编写背景

随着信息化时代的来临,用户的阅读习惯及方式发生了很大的改变。用户对电视、报纸、杂志等传统媒体硬广告的关注度不断下降,传统的营销效果逐渐变差。软文营销作为一种性价比高、互动性强且行之有效的营销方式,逐渐发展成为企业品牌推广和产品销售的重要手段。对具备软文营销技能的人才的需求也逐年呈上升趋势。

近年来,新闻资讯类平台、微博微信平台、问答类平台、个人社交类平台及社群类平台等热门平台的兴起,给软文营销注入了新动力。如何借助新媒体平台的力量实现软文营销效果的最大化,成为企业营销人员及高校相关专业学生一项不可或缺的技能。目前市面上缺乏系统讲解软文营销的实战图书,为此我们特意编写了《软文营销》这本书。

本书特色

1. 体系完整

本书从软文营销的基础概念、整体设计及具体应用,到提升软文营销效果的方法及五大平台的软文营销写作的技巧,再到其组合投放策略、效果评估及风险防范，形成了一个系统完整的闭环。本书先从宏观层面探讨如何设计软文营销的全流程及构建软文整体写作框架，再针对五大热门平台深入探讨不同的写作技巧及营销策略，从而帮助读者建立系统的理论架构，培养适合市场需求的软文营销实战技能。

2. 实操性强

很多软文营销的图书侧重新概念、新理论的介绍，知识体系虽很完备，但缺乏软文营销的实操细节。

本书旨在培养应用型人才，作者在企业工作中积累了大量成功的软文营销的操盘经验，故在本书的理论部分为读者总结了具有普遍适用性的爆款软文写作套路、仿写模板及各平台的软文营销写作技巧，并配以批注式的案例讲解，浅显易懂，让读者能够轻松掌握软文写作的方法和营销技巧。

3. 案例丰富

本书通过分析和鉴赏汽车、房地产、银行、保险、美妆护肤、服饰鞋包、零售超市、食品饮料、日化用品等 30 多个行业约 150 个经典案例，让读者从入门到精通，掌握软文营销的写作技巧和实战技能。

4. 注重训练

本书精心设计了大量的"课堂讨论"，目的是引导读者发挥主观能动性，深入透彻地理解软文营销的相关理论；此外，本书还设置了大量的"实战训练"，旨在让读者通过训练掌握并提高软文营销的实操技能，在实际工作中真正地学以致用。

教学建议

本书适合作为本科院校、职业院校软文营销相关课程的教材。如果选用本书作为教学用书，建议安排 32～48 学时。

编者情况

本书由梁芷曼编著。在编写过程中，编者得到了诸多朋友的帮助及提供案例素材，在此深表谢意。特别感谢《新媒体文案创作与传播》作者叶小鱼为本书提供的宝贵案例和修改意见。由于时间仓促，书中疏漏之处在所难免，欢迎读者批评指正。对本书的意见和建议，请发至邮箱 mandyliang05@qq.com。

编者

2018 年 1 月

目录
CONTENTS

03 Chapter
提升软文营销效果的三大制胜法宝

04 Chapter
玩转五大平台的软文营销写作技巧

05 Chapter

软文营销的组合投放和效果评估

06 Chapter
软文营销的注意事项及风险防范

01 Chapter

第1章
初识软文营销

通过阅读本章内容，你将学到：

- 软文的定义
- 新媒体软文与传统软文的区别
- 软文的两种划分标准
- 软文营销的定义
- 新媒体软文营销的三个特征

// 1.1 软文是什么

软文是指根据特定的用户诉求，以摆事实、讲道理的方式使用户走进企业设定的"思维圈"，以强有力的针对性心理攻击迅速实现品牌推广或产品销售目的的文字。与硬广告相比，软文的精妙之处在于一个"软"字，它将要宣传的信息嵌入到文章内容中，做到绵里藏针，收而不露，克敌于无形。

1.1.1 软文的定义

软文是由企业的市场策划人员或广告公司的文案人员负责撰写的"文字"。一篇好的软文是双向的，既能让用户在文章里找到自己所需的信息，为用户提供价值；也能让用户了解软文撰写者所要宣传的内容，"润物细无声"地影响用户决策。软文的定义有狭义与广义之分。

1. 狭义的定义

软文指企业付费在报纸、杂志等宣传载体上发表的纯文字性的广告。这是早期的一种定义，也就是所谓的付费广告。图 1-1 所示为某培训机构在某报纸刊登的寒假招生广告，这种大篇幅文字配以图片的广告属于狭义的软文。

图 1-1 狭义的软文

2. 广义的定义

软文指企业通过策划在报纸、杂志或新媒体等宣传载体上刊登的，可以提升企业品牌形象和知名度，或促进企业产品销售的一些宣传性、阐释性文章，包括特定的新闻报道、深度文章、付费短文广告、产品评测、案例分析等。图 1-2 所示为某数字报纸上关于日内瓦国际车展的新闻报道，通过分析全球汽车主流市场趋势引出某几个品牌的汽车介绍。虽然文章通篇没有出现硬广告，但也达到了渗透性品牌宣传的目的，此类文章属于广义的软文。

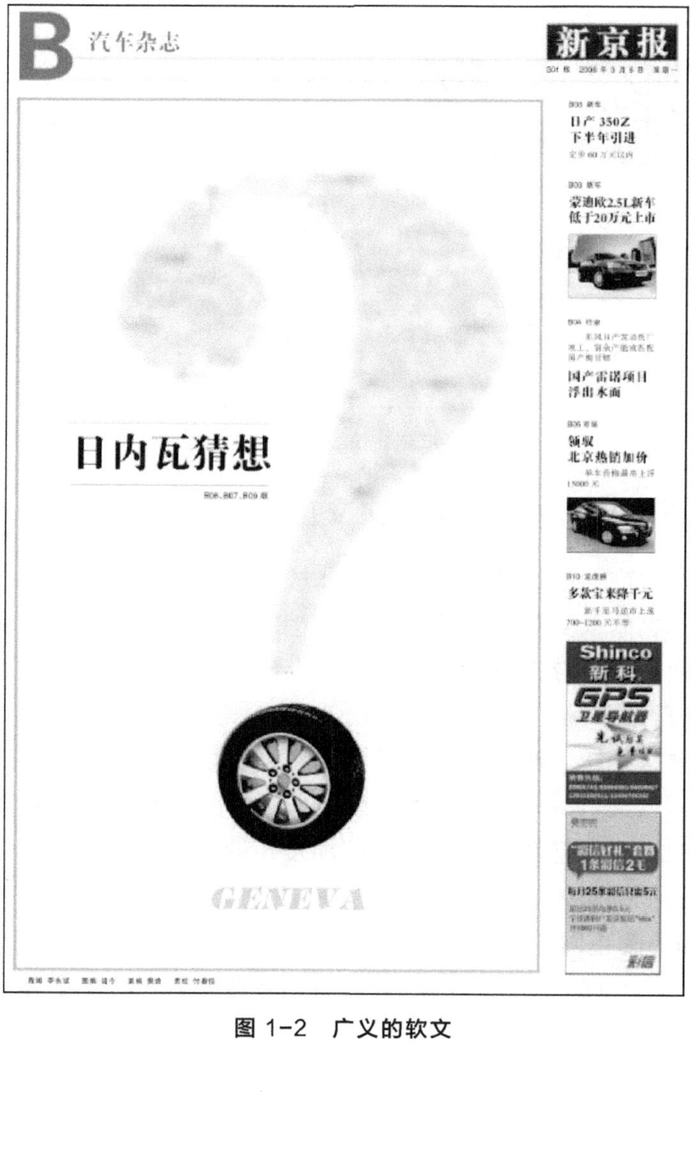
B 汽车杂志

新京报

日内瓦猜想

GENEVA

日产 350Z
下半年引进

蒙迪欧2.5L新车
低于20万元上市

国产雷诺项目
浮出水面

领驭
北京热销加价

多款宝来降千元

Shinco
新科
GPS
卫星导航器

图 1-2　广义的软文

　　软文属于广告的范畴，但与广告、文案仍存在着差别。一般来说，广告范畴广，涵盖广告创意、广告形象等多方面的内容，其中涉及文字方面的描述统称为文案。而在文案的范围里，一篇完整的软性宣传文章即可称为软文。和广告语、广告图文、广告脚本等零散的形式不同，软文强调的是文章的完整性，即围绕一个主题展开详细论述，能让读者获得关于这个主题的详细信息，具体的区别如图 1-3 所示。

图 1-3　广告、文案与软文的区别

1.1.2　新媒体软文与传统软文的区别

　　随着互联网产业的迅速崛起，新媒体成为企业宣传品牌及传播信息的最主要渠道，新媒体软文营销已成为企业营销的重要手段之一。与传统软文相比，新媒体软文主要存在以下三个方面的差别。

1. 发布渠道不同

　　与传统软文相比，新媒体软文的发布平台更多样、更广泛。以互联网为载体的新媒体软文，从论坛、博客到新闻媒体、自媒体平台，再到以微博、微信为首的社交平台等新媒体平台，都能发布软文。而传统软文仍以报纸、杂志等有形的传统媒体为主战场。

2. 传播范围不同

　　与传统软文相比，新媒体软文最大的优势在于充分利用了互联网的即时性、全球性和交互性等特征，可以突破时间、地域等传统媒介的限制，在新媒体平台上随时随地发布软文。而用户则可以通过搜索引擎查找关键词，在一个或多个新媒体平台上浏览企业或产品的相关报道，获取自己所需的信息。这既能提高用户的体验度，又能增强用户对企业或产品的信任，引导用户分享转发及购买。一篇优质的新媒体软文不仅能为用户提供价值，促进用户主动传播，还能引发其他的新媒体平台相继转载，最终实现低成本的可持续传播。

3. 推广形式不同

新媒体软文与传统软文的营销推广形式有明显的区别。传统软文是通过传统媒体进行单向推广传播的，以"推"的营销模式主动把宣传软文发送或传达给用户。但新媒体软文则以用户需求为导向，用"拉"的营销模式吸引用户参与，实现软文的交互传播，以增强软文传播者与接收者之间的沟通与互动。用户通过新媒体平台实现相互连接和资源共享，促进企业与企业之间、企业与用户之间以及用户与用户之间的无障碍沟通。此外，由于互联网具有交互性，用户不仅是软文的接收者，同时还是软文的传播者，这更有利于构建用户参与感，促使用户更多地提出宝贵的反馈意见。

1.1.3 软文的两种划分标准

按照不同的营销目的与投放渠道，软文可以划分为不同的类别。按营销目的可分为品牌软文、产品软文、活动软文；按投放渠道则可分为新闻资讯软文、自媒体软文、问答类软文、个人社交平台软文、社群软文等。

1. 按营销目的划分

软文营销目的不同，对应的软文写作方法也有所不同。企业做软文营销主要有以下三个目的。

（1）品牌推广软文

品牌推广软文是指企业为建设品牌形象、积累品牌知名度、沉淀品牌资产而撰写的软文。常见的有品牌故事软文，通过讲故事的形式把品牌发展的历史脉络，品牌的内涵、价值及特点向读者娓娓道来，并潜移默化地让读者对品牌产生印象或好感。例如，《如果父爱有标价，是他40岁辞掉百万年薪，和老东家宝洁竞争……》这篇软文，讲述品牌创始人为了让两个女儿用更天然的洗发水，放弃百万年薪去创业研发洗发水的故事。读者在阅读故事的同时，也记住了该品牌的"天然"这一特点。

百度搜索《如果父爱有标价，是他 40 岁辞掉百万年薪，和老东家
宝洁竞争……》，查看原文。

此外，当企业品牌遭遇危机的时候，可用软文进行危机公关，以快速缓
解事态恶化、消除危机事件带来的负面影响。如众所周知的海底捞深陷"勾
兑门"事件，海底捞官网及官方微博发出《关于媒体报道事件的说明》，声
明语气诚恳，感谢媒体监督的同时对勾兑问题进行客观澄清。海底捞掌门人
张勇发布的微博软文更是态度诚恳，人情味十足，运用仅有的 140 字化解了
此次事件 80% 的危机，如图 1-4 所示。

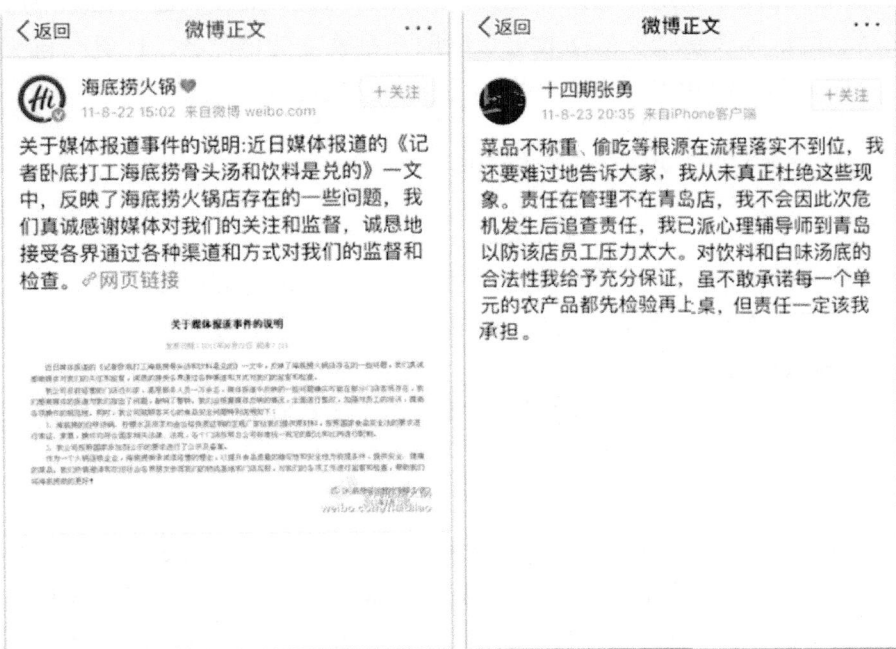

图 1-4　海底捞及其掌门人的危机公关软文

（2）产品推广软文

产品推广软文是指为企业推广新品或促进热销单品的销售而撰写的软

文。产品推广软文一般从产品的不同方向选材，如产品成长进程、产品里程碑、产品亮点分析等方面进行写作。如软文《酸奶测评 | 好吃到想舔盖的11款网红酸奶》就是以测评的方式对11款乐纯酸奶产品进行推广，从产品包装、口味及创新吃法三个方面进行分析，让读者了解到乐纯酸奶的特点，并在软文结尾给出优惠活动促进下单。

拓展阅读

百度搜索《酸奶测评 | 好吃到想舔盖的11款网红酸奶》，查看完整软文，了解该软文的写作风格。

实战训练

如果让你为一款手机写一篇软文，你会从哪些角度去写？为什么？

（1）重点写手机各项功能。

（2）重点宣传手机代言人。

（3）从手机的技术创新上写。

（3）活动推广软文

活动推广软文指企业为推广其线上或线下活动、刺激读者参与而撰写的软文。如知名电商平台唯品会借助当下热播剧《欢乐颂2》的资源，专门推出符合剧中"五美"穿衣风格的"五美馆"，以促进不同风格服饰的销售；并邀请微信大号为此活动撰写了一篇题为《人生最痛苦的是，怎么选都是错的》的公众号软文，通过讲述多个关于选择的故事引出活动广告。

拓展阅读

百度搜索《人生最痛苦的是，怎么选都是错的》，了解广告是如何被植入的。

2．按投放渠道划分

由于不同的媒体渠道拥有不同的目标人群及渠道特性，相对应的软文写法也略有不同。按投放渠道的类型划分，软文可分为新闻资讯类软文、自媒体类软文、问答类软文、个人社交类平台软文、社群类软文。

（1）新闻资讯类软文

互联网还未兴起时，软文的投放渠道以报纸、杂志为主，其内容与报纸、杂志定位相符，主要以新闻报道、人物访谈的形式不显山露水地植入广告。如今，随着移动互联网的迅猛发展，各种新闻资讯类平台的兴起，如网易、搜狐、新浪、腾讯、今日头条、一点资讯等，软文内容虽没有变化，但其投放渠道更多，覆盖面更广，且软文内容多以新闻资讯的形式出现。

（2）自媒体类软文

自媒体类软文是指关键意见领袖（Key Opinion Leader，KOL）或企业的微信公众号、微博头条等自媒体账号发布的软文。知识性、趣味性及分享性是自媒体类软文最大的特点，但此类软文的写作风格又会因账号类型的不同而有所不同。同一品牌如需在不同的自媒体上发布软文，则需根据具体的自媒体账号类型发布不同主题的软文。例如，以爱国情怀为主调的账号，投放的软文则尽可能围绕"弘扬爱国情怀和民族精神"的主题展开；而投放在女性情感类账号的软文则以情感故事等内容呈现。

（3）问答类软文

问答类软文是指以百度知道、悟空问答、知乎问答等平台为依托，以设置问题并回答问题的形式进行创作的软文。问答类软文要求撰写者要设身处地站在搜索答案的读者的角度思考问题，设想读者的需求及可能会提出的问题，通过设置并回答读者想要解答的问题并植入广告来达成软文营销的目标。例如，问题："如何看待××品牌新推出的××产品？"点击进入，便可查看关于该品牌产品的相关介绍和评价。

（4）个人社交类平台软文

个人社交类平台软文是指通过微信朋友圈、微博、QQ 空间等个人社交类平台发布的软文。由于个人社交类平台具备用户体量大、交流便捷、互动性强等特点，因此越来越多的企业将个人社交类平台列为软文推广和信息发布的重要渠道。该渠道发布的精简的个性化软文更容易获得受众的青睐和信任，促使用户主动分享传播。

（5）社群类软文

社群类软文是指以社群（如微信群、QQ 群）为依托，通过在社群与群友交流互动或分享的过程中出其不意地植入广告，最终实现软文营销的目标。社群类软文要求分享的内容要注意切合题旨，要与植入的广告相一致。例如，在社群中进行知识技能类分享，其植入的产品也应该是与之相关的知识型产品（如图书、课程等）。

// 1.2 软文营销是什么

随着信息化时代的来临，用户的阅读习惯及方式发生了很大的改变。用户对电视、报纸、杂志等传统媒体硬广告的关注度下降，致使实际的营销效果变得不太理想。因此，企业开始寻求一种性价比高、互动性强的新营销方式，软文营销应运而生。企业通过发布软文为用户提供有价值信息的同时，无形之中将企业的品牌或产品融入其中，以潜移默化的力量抢占用户心智，获取用户认同和信任，最终实现企业利益的最大化。

1.2.1 软文营销的定义

软文营销是指通过软文的调研、策划、撰写、投放及传播，最终达成宣传或交易等目标的营销行为及方式。软文营销是企业软性渗透的商业策略在广告上的实现，是生命力最强的一种广告形式。企业软文策划人员或广告策划人员针对企业营销的策略，结合企业的产品或服务等需要宣传的信息，通过撰写一些技巧、实战性的文章，吸引用户的注意；在给用户提供他们所需要的精神食粮的同时，也深深地把企业的品牌及理念等烙在用户的心中，从而达到软文营销的效果。

1.2.2 新媒体软文营销的三个特征

软文伴随各类媒体而生，从传统媒体的报纸和杂志，到门户网站和新闻媒体，再到现在的移动端新媒体，无处不见软文的踪影。软文营销以其成本低、传播途径广、说服力强、宣传效果好等特点受到越来越多企业和广告主的青睐。软文营销在新媒体时代下表现为以下三个特征。

1. 形式多样化

以往以报纸、杂志为主的传统媒介的软文更多偏重于新闻通稿类的软文，其表现形式相对单一。大部分传统的新闻软文，其本质仍是以社会的新闻热点为主要内容，而不是品牌或产品。如今随着新媒体时代的到来，软文的内容变得更加丰富，不再拘泥于单一的文体。从论坛发帖到博客文章，到门户网络新闻，再到自媒体平台故事类或评论类文章；从新闻报道到人物专访，到娱乐专栏，再到科技产品评测等，形式层出不穷，遍布网络的每一个角落。新媒体时代下的软文主要是为宣传品牌和推广产品而服务的。因此，其形式会根据媒体和平台的特色进行变化和调整。

2. 语言网络化

网络化语言是伴随着网络的发展而新兴的一种有别于传统平面媒介的语言形式。它以其简洁生动的形式、幽默风趣的表达，获得广大网友的青睐。在软文写作中适当地运用网络化语言，可以使软文内容更贴近生活，同时也更具趣味性，有助于与年轻用户建立沟通，吸引年轻用户的关注。此外，由于网络化语言往往伴随着热点事件出现，如果软文能以热点的网络语言作为关键词或切入点，则能大大地促进软文的传播。因此，这就要求软文撰写者做好目标用户的调研和分析，根据用户主流爱好合理地配置和使用网络语言，充分发挥网络化语言对软文推广和品牌宣传的促进作用。

课堂讨论

尽可能不要查资料，说出你所知道的网络语言。

3. 投放精准化

基于新媒体环境下海量的用户数据，企业在投放软文时，可以通过大数据对用户的性别、年龄、兴趣、地理位置等因素进行细分，用最短的时间精准地找到潜在的目标用户，进而向目标用户投放个性化定制的广告内容，从而最大限度地提高广告曝光率及转化率，增强软文营销的传播效果。

实战训练

微博搜索@天才小熊猫，阅读任意一条微博软文，讨论天才小熊猫的软文特点。

02 Chapter

第 2 章
软文营销的整体设计和具体应用

通过阅读本章内容，你将学到：

- 设计软文营销全流程的五大步骤
- 写出爆款软文的四大关键环节
- 取之不尽的软文灵感的三大来源

// 2.1 设计软文营销全流程的五大步骤

大部分软文营销的新手接到工作任务后会直接开始写作，而忽略兼顾软文营销的整体思路。与软文推广不同，软文营销具备一个完整的营销策划流程，包括软文营销调研→软文营销策划→软文写作→软文投放→软文营销效果评估五个步骤。

2.1.1 软文营销调研

软文营销调研是指系统客观地收集、整理和分析市场营销活动的各种资料或数据，用以帮助营销管理人员制订有效的市场营销决策。软文的营销调研主要从以下三个方面着手。

1. 企业内部调研

企业内部调研是软文营销调研的第一环节。通过对企业及其产品或服务进行系统分析、整体评价，帮助企业准确掌握自身的竞争优势，深入挖掘凸显企业产品或服务的题材，为软文写作做准备。

企业内部调研主要包括以下九个方面。

（1）企业经营范围：指企业经营何种产品或服务。

（2）企业产品（服务）价值：指企业的产品或服务能为客户提供何种价值。

（3）企业荣誉和资质：指企业获得过哪些值得骄傲的成绩。

（4）企业盈利模式：指企业在经营过程中通过何种方式获取利润。

（5）企业年营业额：指企业每年经营产品或服务所获得的总收入。

（6）企业创建史及创始人故事：企业的创建史是指企业是如何突破障碍、经历改革后创建和发展起来的；而创始人故事则是指企业创始人励志的或有情怀的创业故事。

（7）企业文化：指企业或企业员工在从事日常经营活动中所秉持的精神及价值观。

（8）企业公益活动：指企业曾参与或举办过的回馈社会的公益活动。

（9）企业生产及办公环境：指直接或间接影响企业产品或服务生产、员工办公的人文及自然环境因素。

2．企业外部调研

企业外部调研要求全面了解企业外部市场及竞争对手的情况，主要包括企业所在行业的发展情况及行业特点，行业排名前三的企业分析，竞争对手分析等内容。

其中竞争对手分析是企业外部调研最关键的内容。研究竞争对手的软文营销策略、软文选题方向、软文写作方法、软文投放平台及效果等，做到知己知彼，优势借鉴，从而找到适合企业自身软文营销的方法。如 vivo 新推出的型号为 X9s 的手机需做软文营销，其竞争对手调研主要分两步：第一，找出 vivo X9s 的竞争对手，即为 OPPO R11、华为 nova2、一加 5、小米手机 6 等同等价位的国产手机；第二，在网上检索这些手机型号的关键词，或直接在品牌的官方网站、官方微博及微信公众号上查看，研究同类竞品的推广软文主要宣传手机哪些方面的特性，运用何种方法撰写软文，以及软文主要投放平台和效果等方面的内容。

课堂讨论

如果需要查找搜集竞争对手的软文，你会通过怎样的方式去查找？

（1）百度搜索品牌关键词进行搜索。

（2）官方网站、微博、微信公众号等进行搜索查找。

（3）各大媒体上进行搜集。

（4）其他方式。

3．第三方调研

企业客户群的主要特征、行为习惯、客户对企业产品或服务的评价及企业合作伙伴等方面都是第三方调研所需要收集、分析的数据。这对软文写作的选题及投放平台的选择起决定性的作用。

（1）企业客户群的主要特征：指企业核心客户群及潜在目标客户群的主要特征，包括客户群的年龄、性别、职业、兴趣爱好等特征。

（2）企业客户群的行为习惯：主要包括客户群的消费习惯及消费心理，以及客户群的行为偏好（如客户群经常阅读的报纸杂志、浏览的网站及使用的软件等）。

（3）企业客户评价：指企业客户对曾购买的企业产品或服务做出何种评价，即在客户眼中企业的产品或服务让其满意及需要改进的地方都有哪些。

（4）企业合作伙伴：指寻找能够促进企业产品或服务销售的合作伙伴。这些合作伙伴既可能成为企业软文联合营销的合作对象，又可能成为企业招商软文的推广对象。

2.1.2　软文营销策划

软文营销策划是指企业的市场营销人员或广告公司的文案人员根据企业产品或服务特征，结合企业经营管理过程中各个阶段的具体情况，以及当前及未来一段时间的市场需求变化趋势和营销目标而制订的软文营销计划。企业软文营销策划主要分为以下三点。

1. 明确软文营销的行动目标

软文营销的行动目标是指企业通过软文营销要实现的目标。企业经营的不同阶段，其软文营销需实现的目标也会相应地进行调整。一般来说，企业软文营销的目标主要分为强化品牌建设、拉动产品或服务销售、宣传推广活动、回应竞争对手的策略及配合企业重大战略部署。如需实现多个目标，则需对目标进行优先级排序，逐一实现目标。

2. 明确软文营销的实施策略

软文营销的实施策略指根据企业的软文营销总的费用预算制订软文投放的实施计划，主要包括软文投放平台、投放数量、投放时间及对应的费用预算等。

3. 明确软文写作的角度

根据已明确的行动目标及实施策略，进一步确定软文写作的角度。即围绕具体的行动目标、投放平台等软文营销策划要素拆解出多个不同的写作角度，并根据费用预算调整投放平台及数量，最终筛选出最适合的写作角度。

企业的市场营销人员或广告公司的文案人员进行软文营销策划时，可把策划的六要素制作成表格，以便记录及自行检查，如表 2-1 所示。

表 2-1　软文营销策划要素表

策划要素	具体内容
行动目标	
撰写角度	

策划要素	具体内容
投放平台	
投放数量	
投放时间	
费用预算	

2.1.3 软文写作

软文写作主要分为标题的提炼、内容的布局、结尾的撰写、广告的自然植入以及金句的提炼等几个方面。此外，还需从目标受众的角度出发，充分考虑软文的故事性、传播性和说服性。语言风格要精简扼要，通俗易懂；切忌长篇大论，夸大其词。这几部分的具体写作方法和技巧将会在以下章节中详细提及。

2.1.4 软文投放

软文投放是企业软文营销的关键环节。只有科学合理地选择媒体组合进行软文投放，才能让软文营销达到事半功倍的效果。因此，企业应根据各个媒体的平台特点和影响力分析及目标受众的阅读习惯，针对性地选择合适的投放平台及投放时间。

1. 确定软文投放媒体组合

企业在选择软文投放平台时，要先确定企业品牌的目标受众，选择符合企业品牌调性及与目标受众阅读偏好相匹配的媒体平台。为进一步扩大软文的覆盖面，企业还需整合不同的平面及网络媒体传播优势，实现传播效果最大化，以确保软文的到达率及转化率。具体的软文投放媒体组合策略详见第5章。

2. 软文投放前的自检清单

在确定好软文的目标受众及软文的投放媒体组合后，需要对软文进行重新检查，具体需检查以下内容。

（1）行动目标：软文是否植入行动目标。

（2）标题：标题是否融入关键词，能否吸引人阅读。

（3）连贯：软文内容是否上下连贯。

（4）关键词密度：软文植入的关键词密度是否合理（同一关键词一般出现不超过 5 次）。

（5）配图：软文配图是否与内容相符，是否存在法律风险。

（6）结尾：软文结尾是否恰当自然。

（7）超链接：软文中的超链接是否准确无误。

（8）错别字：软文中是否存在错别字。

（9）名称：软文中涉及的地名、人名、企业或组织机构名称、品牌或产品名称等是否正确。

（10）标点：软文中的标点符号是否正确。

（11）逻辑关系：软文内容的逻辑关系是否合理。

2.1.5　软文营销效果评估

软文营销效果评估是指对软文营销达到既定目标程度的评定。由于软文营销的行动目标不同，其效果评估的侧重点也会有所不同。如以品牌传播与推广为行动目标的软文，其评估效果则以软文的阅读量及转载率为考核指标；如以拉动产品或服务的销售为主要行动目标的软文，产品或服务的销量则是评估软文效果的主要考核指标。具体软文效果评估的方法详见第 5 章。

// 2.2　写出爆款软文的四大关键环节

如同人类是灵魂与身体的统一组合一样，对于软文而言，主题是灵魂，结构是身体。而软文的结构由标题、内容布局、结尾三大部分组成。在此基础上，还可辅以金句，对主题进行强调、升华，这如同人佩戴用以装饰点缀的饰品。除此之外，软文的故事性、传播性如同华丽的外衣，能够让读者耳目一新或给读者留下深刻的印象，让读者在浏览软文时更容易接受文中涉及的推广信息。

2.2.1　软文标题写作的三大原则

《如何让你的广告赚大钱》的作者约翰·卡普斯曾说过，"标题写得好，几乎就是广告成功的保证。相反，就算是最厉害的文案写手，也救不了一则标题太弱的广告。"一个好的软文标题能让软文在众多信息中脱颖而出，迅速抓住读者眼球，吸引读者点击。一旦读者点击标题查看内容，软文营销的目的就达成了一半。撰写一个优质的软文标题应遵循以下三大原则。

1．关键词原则

考虑到软文投放后可能带来的长期搜索流量，软文标题需有意识地进行关键词设置。关键词主要分为网络热门的关键词和软文内容本身的关键词。网络热门的关键词是指当下网民所关注的热点话题或热门事件衍生出来的关键词；软文内容本身的关键词是指推广品牌的名称或能表达产品卖点的关键词，又或是能体现软文中心主旨的关键词。

企业可以根据具体的需求，选取合适的网络热门的关键词与软文内容本身的关键词，并将二者进行配置组合。这比在标题设置单一的关键词在搜索引擎中的搜索结果会更少，收录排名也会更高，软文容易获得更高的曝光和流量。如软文《十年没有代言人的麦当劳中国，请吴亦凡来代言了》，其标题设置了"麦当劳"和"吴亦凡"这两个关键词，这比只设置"麦当劳"这一关键词更容易被搜索到。此外，在设置关键词组合标题的时候，还要考虑关键词的相关性及读者的搜索习惯，即考虑读者是否会将这些相关的关键词组合起来进行搜索。

2．吸引力原则

《文案训练手册》的作者约瑟夫·休格曼曾说过，"广告里的所有元素首先都是为了一个目的而存在：使读者阅读这篇文案的第一句话——仅此而已。"也就是说，标题存在的首要任务就是要获取读者的注意，引领读者去点开文章阅读第一句话。因此，这就要求标题从目标用户的角度出发，围绕目标用户的关注点撰写，以获取更多的点击量。如软文的推广对象是新手妈妈用户，标题为《10个专业早教小游戏，让宝宝快人一步》的软文就更容易获得她们的注意；而关注绘画和心理学的用户则更容易注意到《巴尔蒂斯：我一直在我的画里确认自我》这样的标题。此外，标题的撰写方法还可从以"新"馋人，以"悬"引人，以"险"吓人，以"秘"迷人，以"稀"动人，以"利"诱人，以"事"感人等角度切入。

3．精简性原则

标题往往体现了一篇软文的核心思想和内容，因此，在写软文标题前，首先要明确软文是要对谁说、说什么及想要达到什么样的转化目标。针对不同的目标受众，突出不同的软文主题及核心卖点。在信息超载的媒体环境中，用户的注意力被大量分散，用精简的语言清晰地表达重点才更能抓住用户的眼球。软文标题主打的卖点最好不要超过两个，字数（含标点符号）不要超过 30 个字。此外，由于用户在不同的阶段搜索产品的关键词也有所不同，所以软文的标题也要根据用户在不同阶段所使用的搜索词和需求来进行调整，这样才能达到精准有效的软文营销效果。

2.2.2　软文标题的 12 种必备套路

1．新闻式：建立读者信任

新闻式标题是指在标题中准确清楚地描述时间、地点、人物、事件等基本要素。相比向读者展示简单、直接、粗暴的销售广告标题，新闻式标题采取从第三者的角度报道的形式，更容易被读者接受；读者从关注新闻资讯的角度去阅读，也更容易建立信任感。

新闻式标题重在准确地传达信息，主要由以下要素组成："时间+地点+事件"或"人物+时间（地点）+事件"。

案例：

（1）房地产软文：《九龙广场今天认筹开启，现场盛况火爆，势不可挡！》

　　时间：今天

　　地点：九龙广场

　　事件：九龙广场认筹开启

（2）游戏软文：《球王现身〈实况足球 2018〉9 月 14 日正式发售》

　　时间：9 月 14 日

　　人物：球王

　　事件：球王现身《实况足球 2018》发售

（3）长白山度假区软文：《中巡长白山赛本周开战 民族自有品牌赛事成效初显》

　　时间：本周

地点：长白山

事件：中巡长白山赛开战

实战训练

（1）假如你是华为手机的文案写手，现华为手机要在6月18日发布新手机nova 2，现场将有明星张艺兴到场。现在请你按照"时间+地点+事件"及"人物+时间（地点）+事件"的格式，拟写两条新闻式标题。

（2）百度搜索《长隆欢乐万圣节"鬼"同你玩，"惊"喜翻番》这篇软文，根据软文的内容找出新闻式标题所需的基本要素，并将原标题改写为新闻式标题。

2. 盘点式：解决读者麻烦

干货盘点、经验分享类软文本身就自带流量，容易受读者青睐。因为读者觉得可以通过作者的经验总结和分享快速地获取一些信息、技能，并可以少走些弯路。如果能在标题上善用数字概括，强调文章内容的实用性和可达性，让读者觉得内容聚焦有价值，能够帮助他们省时省事、解决麻烦，就容易增加软文的阅读量、收藏量和转发量。

盘点式标题主要由以下要素组成："数字+品类/知识技巧+好处"。

案例：

（1）《7月份即将上市的8款重磅新车，最后一款性价比逆天！》

数字：8款

品类：新车

好处：找到一款高性价比的新车

课堂讨论

你觉得内文中推荐的"最后一款性价比逆天"的车会是企业广告主原本想做广告的车吗？

（2）《忍痛分享30个连衣裙品牌，便宜好看到不想告诉你们》

数字：30个

品类：连衣裙

好处：找到便宜好看的连衣裙品牌

（3）《搞定公众号排版的10个方法，看这篇就够了!》

数字：10个

知识技巧：公众号排版的方法

好处：1篇文章搞定公众号排版

（4）《上班族的理财选择，5个理财小技巧，教你摆脱月光》

数字：5个

知识技巧：理财小技巧

好处：摆脱月光

实战训练

（1）如果让你写一篇软文推荐一款创意台灯，这款台灯护眼功能强大，请你用"数字+品类/知识技巧+好处"的格式拟写一条盘点式标题。

（2）阅读以下盘点式标题，找到标题中"数字""品类/知识技巧"和"好处"三大要素。

标题：《装修时掌握这4个挑选小技巧，再也不怕买不到好瓷砖》

数字：

品类/知识技巧：

好处：

3. 借力式：发挥热点效应

借力式标题是指将时下的热门事件和名人明星的热门话题植入到软文的标题中，充分发挥热点效应，有利于增大标题对读者的吸引力，让软文在众多的信息中脱颖而出。

借力式标题主要由以下要素组成："热点事件/知名人物+广告类别"。

案例：

（1）《深夜食堂被吐槽，这个锅日式料理不背!》

热点事件：中国版《深夜食堂》热播被吐槽

广告类别：日式料理

（2）《马云又扔出重磅"炸弹"！不掏手机，PK 亚马逊，无人超市要来了》

知名人物：马云

广告类别：无人超市

（3）《〈我是演说家〉总决赛，90 后美女演讲"保险的力量"感动全场！》

热点事件：《我是演说家》总决赛

广告类别：保险

实战训练

阅读以下标题，找到标题中"热点事件/知名人物"和"广告类别"两大要素。

（1）标题：《小米空调真的要来了！但是雷军为啥没找董小姐？》

知名人物/热点事件：

广告类别：

（2）标题：《2016 广州马拉松｜你不知道的跑鞋数据都在这里》

知名人物/热点事件：

广告类别：

4．绑定式：绑定读者关注

绑定式标题是指通过绑定读者的关注圈来吸引关注。因为相比其他信息，读者更关心与自身息息相关的信息。在标题中加入与读者自身描述相符的标签，如地域、年龄、性别、收入、职业等关键词，让读者能从众多信息中一眼识别出来，在最短时间内抓住其注意力，提高代入感。而通过绑定读者关注的话题，如热门话题、名人明星、长期兴趣、切身利益、正在进行的任务等，能让信息逃过大脑的筛选，增加对读者的吸引力，从而大大提升文章的点击阅读量。

绑定式标题主要由以下要素组成："符合读者的身份标签+关注的话题"。

案例：

（1）《胡玮炜：辞职后，做出 100 亿摩拜仅用 2 年，她的成功你也可以复制》

身份标签：打算和正在创业的人士

关注话题：2 年做出 100 亿摩拜的成功经验（热门话题）

（2）《月入 2.5 万北漂家庭 如何理财实现 3 年生娃 5 年买房》

身份标签：月入 2.5 万北漂家庭

关注话题：3 年生娃 5 年买房（长期兴趣）

（3）《有房一族须注意，5 月起，许多房屋买卖可能要加税了》

身份标签：有房一族

关注话题：房屋买卖可能要加税（切身利益）

（4）《深圳想要买车的人一定要等到 7 月，看完这篇文章你就知道了！》

身份标签：深圳想买车的人

关注话题：什么时候买车比较好（正在进行的任务）

实战训练

请你运用以上绑定式标题的写作方式，对以下标题进行优化改写。

序号	原标题	优化后的标题
1	【尚德教育】一年拿本科证！学信网可查	
2	上珍爱网，找个配得上你的女朋友	
3	【安居客】真实在售二手房，快来看看！	

5. 悬念式：吸引读者眼球

悬念式标题是指通过在标题中不把内容概括清楚完整，将正文中最能吸引人眼球的内容或细节提取出来，放到标题中提前来个暗示；或把事件的经过描述出来但不告知结果；抑或是直接说出一个令人惊讶的结论但又不告诉其原因或过程，刻意营造悬念和制造疑问，让读者产生猎奇的心理，想要立刻点进去一看究竟。

悬念式标题主要有两种表现形式：一种是反常或好奇型悬念标题，句式是"反常或好奇的内容+引出疑问"；另一种是恐惧型悬念标题，句式是"警惕性词语+具体悬疑的内容"。

案例：

（1）反常型：《水果也有副作用，这 5 种不是所有人都能吃》

反常内容：水果也有副作用

引出疑问：哪 5 种不是所有人都能吃

（2）好奇型：《382 天不吃饭，一年瘦了 250 斤！怎么做到的？》

好奇内容：382 天不吃饭，一年瘦了 250 斤

引出疑问：怎么做到的

（3）恐惧型：《警惕！2017 最难转手的十类房子　买了可能就是你的麻烦！》

警惕性词语：警惕

具体悬疑的内容：2017 哪十类房子最难转手

（4）恐惧型：《当心！双脚是全身健康放大镜，出现这 7 个症状千万别忽视》

警惕性词语：当心、千万别忽视

具体悬疑的内容：双脚出现 7 种预兆疾病的症状

软文标题中设置悬疑要十分慎重。要控制唤起恐惧的程度，不宜过低也不宜过高，过低无法吸引读者阅读，过高读者会逃避而不是选择面对恐惧。所以，只有从自身产品或服务出发，科学地设置恐惧情绪，提醒读者这些危险和恐惧随时都可能发生，并让他们意识到该产品或服务能真正地帮助他们消除恐惧。

实战训练

请你运用以上悬念式标题的写作方式对以下标题进行优化改写。

序号	原标题	优化后的标题
1	链家真房源，一直在较真	
2	体重超标 20% 的人午睡等于慢性自杀	
3	用茄子蒂煮水喝，有降低胆固醇、降血压等功效	

6．对比式：唤起读者痛点

对比式标题主要分为与自己的过去对比和与别人对比。

（1）对比过去式标题：指出读者过往行为中一些不合理的地方或是失败的经历，激发他们想要改变现状或不想重蹈之前的错误的心理。如"曾经错过大学，别再错过本科"这个标题，就是利用读者不想要在同一个地方跌倒两次的心理，刺激读者付诸行动。

对比过去式标题主要由以下要素组成："过去失败经验+现在应该如何避免"。

案例：

①《曾经错过大学，别再错过本科》

句型：曾经……别再错过……

过去失败经验：错过大学

现在应该如何避免：报考本科

②《面试碰壁多少次，才知道去考个本科证》

句型：……才知道……

过去失败经验：面试屡屡碰壁（因为没有本科证）

现在应该如何避免：考个本科证

（2）对比别人式标题：指利用读者不想落后于人的心理，"人有我无，我有人优"的状态特别容易激发行动。如"同样的工作，发工资后才发现，有学历和无学历差距那么大"这个标题，就更容易唤醒读者"别人和自己一样，凭什么别人得到的比自己多"的痛点，从而促使读者产生要报考本科学历的冲动。

对比别人式标题主要有两种表现形式：一种是"同样的工作/年龄/收入等，别人做了 A 事件而自己没做导致了差距"，其中"A 事件是优越性事件"；另一种是"自己还在做 A 事件，别人已经在做 B 事件"；其中"B 事件与 A 事件相比，具有领先性、优越性"。

案例：

①《同样的工作，发工资后才发现，有学历和无学历差距那么大》

句型：同样的……，……差距那么大

A 事件：考取学历

导致的差距：工作相同，工资却差距大

②《你还在微信聊天？他们都用手机学英语》

句型：你还在……他们都……

A 事件：微信聊天

B 事件：用手机学英语

③《还在辛苦加班拿死工资，人家已经加微信学投资了！》

句型：还在……人家已经……

A 事件：辛苦加班拿死工资

B 事件：加微信学投资

实战训练

请你运用以上对比式标题的写作方式对以下标题进行优化改写。

序号	原标题	优化后的标题
1	【洋码头】全球洋货低价购，正品海外免税直邮	
2	58 到家的保姆服务，为你提供全方位的贴心照顾	
3	【苏宁易购】这里买水果比超市便宜一半	

7. 提示式：提醒读者注意

由于人类的应激反应，对于周遭环境的变化非常敏感，因此如果在标题中设置与读者身边息息相关的外界变化的通知和提示，就更容易引起读者的关注。提示式标题往往会使用"注意""开始""今天""新消息""新资讯"等词语提醒读者注意，催促读者采取相应的行动。

提示式标题主要有两种表现形式：一种是"目标群体+提示性词语+具体提示的内容"；另一种是直接省略目标群体的描述，即"提示性词语+具体提示的内容"。

案例：

（1）《春节回家的小伙伴注意，下周四可买春运火车票了（附抢票攻略）》

目标群体：春节回家的小伙伴

提示性词语：注意

具体提示的内容：下周四可买春运火车票了

（2）《银行将开始清理这些卡！有长期不用银行卡的人需要注意》

目标群体：长期不用银行卡的人

提示性词语：开始

具体提示的内容：银行将清理某些银行卡

（3）《教育部最新资讯：高考今天可查分！填志愿这几个流程一定要清楚！》

被省略的目标群体：高考查分的学生或家长

提示性词语：最新资讯、今天

具体提示的内容：高考可查分及填志愿应注意的流程

实战训练

请你运用以上提示式标题的写作方式对以下标题进行优化改写。

序号	原标题	优化后的标题
1	2017 年 8 个省市公布养老金上调方案	
2	广东省开放免费成人大学录取通道	
3	考生可以免费领取魅蓝手机	

8．秘闻式：激发读者好奇

人类天生喜欢探究未知事物，对于好奇的、感兴趣的事物刨根问底。在标题中利用人类这一天性，设置揭秘式的标题，往往容易引起读者的关注。这类标题常用的关键词有"揭秘""内幕""真相"等。如能在标题中告知读者这是个大部分人都不知道的秘密；或是在标题中加入权威行业机构或专业人士的背书，如"央视""航空公司""医生"等词汇，就能更大限度地增加标题的吸引力，促使读者迫不及待点击阅读。

秘闻式标题主要由以下要素组成："前缀+秘闻内容+后缀"，如"前缀：权威行业机构/专业人士+秘闻式关键词+后缀：秘闻式句子"。

案例：

（1）《央视揭秘"高额信用卡"骗局　已有 6000 多人受骗》

前缀：央视+揭秘

秘闻内容："高额信用卡"骗局

后缀：已有 6000 多人受骗

（2）《航空公司不会告诉你，在这订机票低至 1 折，90%的人都不知道》

前缀：航空公司+不会告诉你

秘闻内容：在这订机票低至 1 折

后缀：90%的人都不知道

（3）《医生不能说的秘密，四维彩超辨别宝宝性别，不懂就白做了》

前缀：医生+不能说的秘密

秘闻内容：四维彩超辨别宝宝性别

后缀：不懂就白做了

实战训练

请你运用以上秘闻式标题的写作方式对以下标题进行优化改写。

序号	原标题	优化后的标题
1	从这三步开始，摆脱理财小白	
2	用这个 App 买家具，能比在店里买省一半	
3	买车时千万不能忽略这四个细节	

9．互补式：促使读者行动

互补式标题是指在标题中告诉读者过去使用的某种产品并没有发挥出它 100%的功效，并告知他们给该产品增加一些互补性的产品，会使原有的产品发挥更好的效果，从而促使读者行动。

互补式标题主要由以下要素组成："在 A 中加入/配上 B+更佳效果的描述"，其中 A 代表的是读者已购买的产品，B 代表推荐的互补产品。此外，B 还可以用"它"替代具体的产品名称，让读者产生好奇心理，从而促进点击阅读。

案例：

（1）《很少女人知道，在 BB 霜里面加入它，贴妆效果翻倍》

句型：在……里面加入（它）……效果翻倍

A 产品：BB 霜

B 产品：用"它"替代具体名称

（2）《苦恼自己头屑多？在洗发水里加入它，轻松去头屑效果显著》

句型：在……里加入（它）……效果显著

A 产品：洗发水

B 产品：用"它"替代具体名称

（3）《海带能减肥，配上这种蔬菜一起吃减肥效果更佳！》

句型：……配上（这种蔬菜）……效果更佳

A 产品：海带

B 产品：用"这种蔬菜"替代具体名称

实战训练

（1）假设你需要从产品优势互补的角度切入，推广一款洁面仪产品，你觉得这款洁面仪产品与以下哪款产品互补，能让这些产品发挥更好的效果？

① 洗面奶

② 爽肤水

③ 润肤乳

④ 以上都能够

（2）连线题：将以下左右两项相关的互补产品用直线连起来。

面膜	牙膏
厨具	充电宝
手机	食物
剃须刀	蒸脸器
电动牙刷	剃须膏

10. 稀缺式：刺激读者购买

稀缺式标题运用读者"物以稀为贵"的心理，在标题中提供给读者一个看似稀缺的机会，通过对时间、数量、地点、人群或职业等进行限制，如"最后1次""仅限今天""最后100个名额"等，让读者感受到"物以稀为贵"和产生"绝不能错过"的心理，从而促进点击阅读，刺激读者购买转化。

稀缺式标题主要由以下要素组成："稀缺性关键词+具体稀缺的内容"。

案例：

（1）《最后100个名额！7月9日搜狐焦点免费观影节报名啦》

稀缺性关键词：最后100个名额

具体稀缺的内容：7月9日搜狐焦点免费观影节报名

（2）《最后1天！2017年成人高考资料免费领取入口！》

稀缺性关键词：最后1天

具体稀缺的内容：2017年成人高考资料免费领取入口

实战训练

请你运用以上稀缺式标题的写作方式对以下标题进行优化改写。

序号	原标题	优化后的标题
1	网易20年感恩回馈，全球爆款5折起	
2	注意：这手机1元抢！快来，我刚抢到	
3	腾讯视频VIP买一年送一年	

11. 向往式：制造心理向往

向往式标题是指在标题中向读者描述一个他们很想达到却很难达到的目标，告知他们现在有方法可以让他们达到理想中的目标，成为他们想要成为的人。激发他们内心的渴望和向往，促使他们完成点击购买。

向往式标题主要由以下要素组成："描述向往事件+如何达成"。

案例：

（1）《115斤到103斤，女神范冰冰揭秘她的瘦身心得，原来你也

可以》

　　句型：……原来你也可以

　　向往事件：像女神范冰冰一样从 115 斤减到 103 斤

　　如何达成：学习范冰冰的瘦身心得

　　（2）《好美慕李沁景甜的美背杀，只要选对款你也可以有!》

　　句型：……，只要……你也可以有

　　向往事件：李沁景甜的美背杀

　　如何达成：选对款

实战训练

　　（1）如果你要为一款全自动家用洗碗机写一篇软文，产品的目标客户群是"80 后"的职场妈妈，你会向目标客户群描述何种向往事件？

　　（2）如果让你写一篇软文推荐一个欧洲乡村游的团购项目，请你用向往式标题"描述向往事件+如何达成"的格式拟写一条标题。(标题不超过 30 个字)

12. 故事式：拉近与读者的距离

　　故事式的标题对读者更具有黏性。将内容中最能吸引眼球的转折点、最励志或最有情怀的故事细节提取到标题中来，让读者深受感染，想要进一步了解作者成功背后的心酸历程和成功经验，从而促使读者点击阅读。

　　故事式标题主要有三种表现形式：第一种是成功型的故事标题，句式是"过去的辛酸+现在的成功"；第二种是情怀型的故事标题，句式是"花费多长时间/放弃多少钱去做一件事"；第三种是将前两种句式结合的混合型的故事标题。

　　案例：

　　（1）成功型：《3 岁丧父，摆地摊卖煎饼当搬运工，44 岁后月入过百万!》

　　过去的辛酸：3 岁丧父，摆地摊卖煎饼当搬运工

　　现在的成功：月入过百万

（2）情怀型：《90后浙江小伙放弃百万年薪，选择去乡间做农业为圆梦！》

情怀事件：放弃百万年薪去务农圆梦

（3）混合型：《从濒临倒闭到年收入 15 亿日元，20 年来他把一碗米饭做到极致》

过去的辛酸：濒临倒闭

现在的成功：年收入 15 亿日元

情怀事件：20 年来他把一碗米饭做到极致

实战训练

（1）微信搜索《搞砸两部片子后，他躲了整整 5 年，竟然靠这个逆袭了！》这篇软文，根据软文的内容找出混合型故事标题所需的基本要素，并将原标题改写为混合型故事标题。

（2）如果让你写一篇推荐蒙牛牛奶的软文，请你通过了解蒙牛集团创始人牛根生的传奇创业故事，找到"过去的辛酸""情怀事件"和"现在的成功"三大要素，拟一条故事式标题。

2.2.3　软文内容布局的五大模板

软文标题决定了读者对软文的第一印象，决定了读者是否会点开文章进行阅读；而软文的具体内容则直接影响其营销效果的转化。软文在写法上千变万化，但其写作方法还是有规律可循的。下面总结了软文写作常见的五种模板，具体选用何种模板要根据不同的产品进行调整。如果推广的产品不属于创新型产品，则可能就要选择更靠近读者的写作模板，如痛点式、悬念式正文，通过唤醒痛点和增强代入感来促使读者行动。反之，如果推广的产品存在一个普遍动机，就应该选择更靠近产品的写作模板，如并列式、演绎式和体验式正文，更清晰全面地阐述产品的卖点，理性地说服读者行动。

1．并列式：让卖点更清晰

并列式正文布局指正文的各部分是并列平行又相互独立的，同时又为说明中心论点服务。并列式正文布局的好处在于能更清晰全面地把产品或服务的卖点阐述清楚，这有利于增强读者的信任。并列式正文布局主要分为两种形式：一种是围绕中心论点，并列地阐述若干个分论点；另一种是围绕一个论点，并列列举若干个论据进行论证，具体案例如图 2-1 和图 2-2 所示。

标题 →
如何变得有钱？任何人都应该学会的六个投资思维！

原创 2017-08-23 Angie Angie

开头 →
开篇点题，引出"任何人都要有投资思维"的观点

比拥有金钱更重要的是，你拥有金钱观。

我们身边的大部分人，并不懂得投资。

多数情况下，我们会把更多的注意力放在如何增加工资收入和如何节流上，但如果你想成为真正的有钱人，懂得投资，是最重要的一种能力。

如果你一开始不知道你的投资方向在哪里，最好的方法是先投资你自己的大脑。

但投资大脑只是老生常谈的第一步，你继续接着往下走。

终极目标式投资

有没有仔细思考考过，你想成为什么样的人。

比如，老了后，你想成为一家咖啡馆的主人，那么从现在开始，你就可以留意咖啡、开店等相关的知识了。

每个人，对自己的人生都有一些设想，那个频繁出现在你头脑中的想法，也许就是你的终极目标。

实现终极目标不是三两天的事，但从今天开始，你为终极目标所做的每一分投资，都让未来有了更多实现目标的可能。

2. 技能式投资

你说你没有目标，而更读目标式投资？

如果没有目标，最正确的投资方式是投资到永远不会出错的技能学习上。

比如写作，会写的人，除了能通过写的方式理清自己的想法，更重要的是能和更多人产生交流链接。

随随便便都能举出好多值得学习的技能，你却总是找各种借口，逃避让自己变得更好，其实是你懒。

任意挑其中一项技能，你可以看书、听课，向相关领域的专家请教，任何一项都值得你全身心投入，进行永久性投资。

3. 资金式投资

如果你还把钱存在银行卡、各种宝里，你的钱连通货膨胀都跑不赢。

所谓投资，除了投资你自己，让自己变成越来越好的人，金钱的组合式投资也是必不可少的。

在所有的投资方式当中，我最推崇的是基金定投。

每周或者每个月设定固定的定投，按月来算，每次大概是月收入的30%。正常情况下，基金定投的年利率都能超过你投资的任何宝，大概是10%甚至更高以上的收益率。值得注意的是，你一定要长期坚持投，而不是看到一下跌，就停止定投，一上随随又赶紧撤离。

4. 分享式投资

你学了那么多，却不用、不分享出去，这个知识只能算是没有被盘活的知识。

教是最好的学，只有分享出去，才能让你学到的知识得到最大化的调整和优化，成为最有价值的知识。

正文 →
分6个论点阐述让自己变有钱的6种投资思维

5. 投资式消费

现在我的每一笔消费，都自带投资考虑：

比如阅读一本书，我会问自己，有什么是可以用在课程、咨询里面的。

再比如，我再也不可能只带着纯粹学习的目的去学一门课了，必须是同时观察别人是如何运营、有什么值得借鉴的地方。

投资式消费是指，不把每一次的消费都当做纯粹的消费本身，而是从结果出发，多想一想，我还能同时获得什么。

6. 成为一个有投资意识的人

就在前不久，我和老公把儿子的学区房定了下来。

别问我现在还适不适合投资房产，手上的钱理一理足够付首付、是刚需、没有其他更好的投资方式，就是最合适的时机。

成为一个有投资意识的人，让我在投资自己的维度上，只要手上还有钱，从不犹豫去投资。

而因为知识结构的丰富和稳定，我们又有了更好的能力对基金投资也好、房产也好，做出更好的判断。

不管你是谁，收入多少，别忘了，要一直投资自己，成为一个有投资意识的人。

投资自己首选：【时间管理特训营】9月份第14期今天开放报名，一个你上过后会想要力推给身边亲朋好友的课，我有绝对的自信，社群管理式授课，会让你听完课并发生改变，不信，你看文案里大家对课程的真实点评！

图 2-1　并列式正文布局 1

标题
飞度为什么被评为知乎神车？为啥不是Polo和致炫？

🚗 易车 刚刚 10:42　　　　　　关注

开头
承接标题，提出中心论点（总述飞度是知乎神车）

作为合资品牌小型车中的"人气王"，除了有"买菜超跑"这样的传说，也有跨级的乘坐和储物空间这样实实在在的属性。可以说，几乎所有小型车的潜在用户都会将它考虑进去。

飞度的外观造型精炼，颇有运动感，很受年轻人追捧。家族式黑色进气格栅加上短小的车头，让整车多了几分动感。尾部造型同样深谙"短小精悍"的道理，新颖的竖尾灯造型，辨识度也比较高。

正文
提出分论点1（外观造型），阐述论据

飞度的内饰设计带有明显的"本田风"，整体内饰布局偏向驾驶员一侧且采用多层次设计，以简单不花哨为宗旨，高配车型通过一些装饰条的点缀使三辐式方向盘和三炮筒式仪表盘看起来不再单调。

正文
提出分论点2（内饰设计），进一步阐述论据

正文
提出分论点3（空间利用率），进一步阐述论据

不论是从前排还是后排来说，不论是头部空间还是腿部空间，飞度的驾乘空间都达到了越级的表现。另外，飞度的空间利用率非常棒，拥有多种空间组合方案，前排头枕拆掉后放倒还能形成一个平整的休息空间。

飞度的后备厢空间绝对值得点赞。看起来小小的车身，在后排座椅放倒后，却能扩展出超越同级的后备厢空间。作为日常家用车，这一点再实用不过了。

正文
提出分论点3（空间利用率），进一步阐述论据

动力表现也是飞度值得推荐的一个重要原因。虽然只搭载一台1.5L自然吸气发动机，但动力参数很给力，最大功率96kW（131马力），峰值扭矩155Nm。要知道，宝马的1.5T涡轮增压发动机只有136马力。与发动机匹配的是5MT和CVT无级变速器。飞度开起来的轻快感，在同级车型中的确没有什么对手可以媲美，因此在知乎上"神车"一名就给了飞度，连Polo和致炫都没评上！

正文
提出分论点4（动力表现），进一步阐述论据

相关车型　数据来源于易车

飞度　　　　　　　详情
★★★★★ 4.7
参考成交价：￥6.56-11.26万

询底价　　二手车　　厂商活动　　分期买车

飞度　　BMW　　本田　　超级跑车

结尾
总结全文，亮出产品广告（飞度）

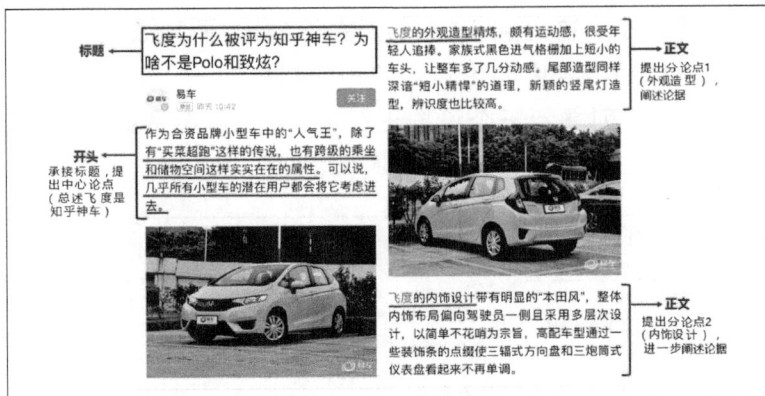

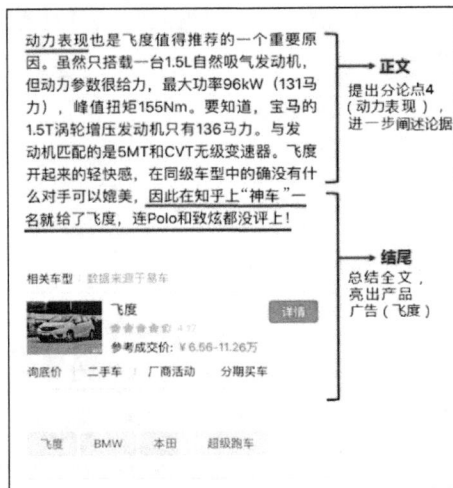

图2-2　并列式正文布局2

2. 演绎式：让说服更有力

演绎式正文布局指软文通过严谨的逻辑铺排，引导读者步步深入，让读者顺应文中内容，循序渐进地得出作者想要告知读者的推理结论。内容步步铺排、论证层层递进的演绎式正文布局，让读者能更深入地了解产品，慢慢接受作者想要传达给他们的品牌理念，从而产生行动。

演绎式正文布局要求有严谨的逻辑结构，其主要的表现形式是针对一个现象或问题，通过抽丝剥茧、层层递进的论述方式，带领读者找到答案，具体案例如图 2-3 所示。

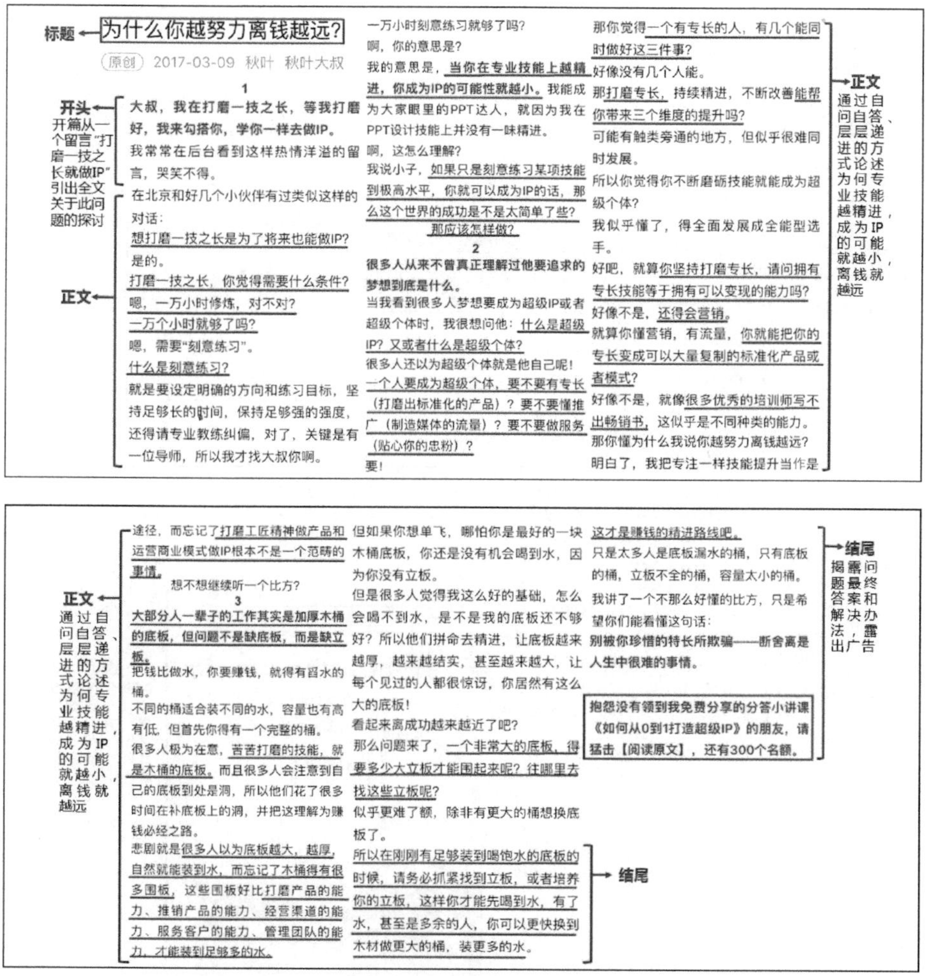

为什么你越努力离钱越远?

(原创) 2017-03-09 秋叶 秋叶大叔

1

大叔，我在打磨一技之长，等我打磨好，我来勾搭你，学你一样去做IP。

我常常在后台看到这样热情洋溢的留言，哭笑不得。

在北京和好几个小伙伴有过类似这样的对话：

想打磨一技之长是为了将来也能做IP?

是的。

打磨一技之长，你觉得需要什么条件?

嗯，一万小时修炼，对不对?

一万个小时就够了吗?

嗯，需要“刻意练习”。

什么是刻意练习?

就是要设定明确的方向和练习目标，坚持足够长的时间，保持足够强的强度，还得请专业教练纠偏，对了，关键是有一位导师，所以我才找大叔你啊。

一万小时刻意练习就够了吗?

啊，你的意思是?

我的意思是，**当你在专业技能上越精进，你成为IP的可能性就越小。**我能成为大家眼里的PPT达人，就因为我在PPT设计技能上并没有一味精进。

啊，这怎么理解?

我说小子，如果只是刻意练习某项技能到极高水平，你就可以成为IP的话，那么这个世界的成功是不是太简单了些?

那应该怎样做?

2

很多人从来不曾真正理解过他要追求的梦想到底是什么。

当我看到很多人梦想要成为超级IP或者超级个体时，我很想问他：什么是超级IP? 又或者什么是超级个体?

很多人还以为超级个体就是他自己呢!

一个人要成为超级个体，要不要有专长（打磨出标准化的产品）? 要不要懂推广（制造媒体的流量）? 要不要做服务（贴心你的忠粉）?

要!

那你觉得一个有专长的人，有几个能同时做好这三件事?

好像没有几个人能。

那打磨专长，持续精进，不断改善能帮你带来三个维度的提升吗?

可能有触类旁通的地方，但似乎很难同时发展。

所以你觉得你不断磨砺技能就能成为超级个体?

我似乎懂了，得全面发展成全能型选手。

好吧，就算你坚持打磨专长，请问拥有专长技能等于拥有可以变现的能力吗?

好像不是，还得会营销。

就算你懂营销，有流量，你就能把你的专长变成可以大量复制的标准化产品或者模式?

好像不是，就像很多优秀的培训师写不出畅销书，这似乎是不同种类的能力。

那你懂为什么我说你越努力离钱越远?

明白了，我把专注一样技能提升当作是途径，而忘记了打磨工匠精神做产品和运营商业模式做IP根本不是一个范畴的事情。

想不想继续听一个比方?

3

大部分人一辈子的工作其实是加厚木桶的底板，但问题不是缺底板，而是缺立板。

把钱比做水，你要赚钱，就得有舀水的桶。

不同的桶适合装不同的水，容量也有高有低，但首先你得有一个完整的桶。

很多人极为在意，苦苦打磨的技能，就是木桶的底板。而且很多人会注意到自己的底板到处是洞，所以他们花了很多时间在补底板上的洞，并把这理解为赚钱必经之路。

悲剧就是很多人以为底板越大，越厚，自然就能装到水，而忘记了木桶得有很多围板，这些围板好比打磨产品的能力、推销产品的能力、经营渠道的能力、服务客户的能力、管理团队的能力，才能装到足够多的水。

但如果你想单飞，哪怕你是最好的一块木桶底板，你还是没有机会喝到水，因为你没有立板。

但是很多人觉得我这么好的基础，怎么会喝不到水，是不是我的底板还不够好? 所以他们拼命去精进，让底板越来越厚，越来越结实，甚至越来越大，让每个见过的人都很惊讶，你居然有这么大的底板!

看起来离成功越来越近了吧?

那么问题来了，一个非常大的底板，得要多少大立板才能围起来呢? 往哪里去找这些立板呢?

似乎更难了额，除非有更大的桶想换底板了。

所以在刚刚有足够装到喝饱水的底板的时候，请务必抓紧找到立板，或者培养你的立板，这样你才能先喝到水，有了水，甚至是多余的人，你可以更快换到木材做更大的桶，装更多的水。

这才是赚钱的精进路线吧。

只是太多人是底板漏水的桶，只有底板的桶，立板不全的桶，容量太小的桶。

我讲了一个不那么好懂的比方，只是希望你们能看懂这句话：

别被你珍惜的特长所欺骗——断舍离是人生中很难的事情。

抱怨没有领到我免费分享的分答小讲课《如何从0到1打造超级IP》的朋友，请猛击【阅读原文】，还有300个名额。

图 2-3　演绎式正文布局

3. 悬念式：让产品更具黏性

所谓悬念式正文布局，是指通过设置疑团引起读者的好奇，让读者迫切地想要往下阅读找到答案，即把文章中最吸引人的情节前置设疑，然后在正文部分层层铺垫，慢慢解开答案。

这类软文的主要表现形式是：一种是抛出一个让人感到惊讶或好奇的事件起因，不告诉其结果，即通过层层递进、一环扣一环的方式解开答案，具体案例如图 2-4 所示；另一种是告知读者一个难以想象的结果，但对其过程及原因不做交代，即通过倒叙的方式逐一揭开谜底，具体案例如图 2-5 所示。

标题（设疑提出疑问）：那个放弃百万年薪去发传单的孩子，现在怎么样了？
2017-10-17 Sue 掌门1对1

开头（开篇通过提出一个假设"你的孩子放弃年薪百万去发传单，你是什么心情"展开探讨）：
如果有一天，你的孩子突然告诉你，有一份年薪百万、福利优渥的工作摆在他面前，他却选择放弃，转身去发传单，你会是怎样的心情？
实际上，这并不是一个假设。曾经，这个问题就摆在掌门1对1创始人张翼面前，而他毅然决然选择了后者。

正文（指出开篇的假设是一个事实，引发读者好奇，进一步解释这一选择的背后原因及结果，道出"很多伟大的成就源于当初看似不靠谱的选择"这一主旨）：
放弃百万年薪发传单，只因……
三年前，张翼拿到了全球顶级的咨询公司麦肯锡的入职邀请，但做教育一直是他的理想。
在这两个矛盾之间徘徊，我一直在想，如果丢了麦肯锡，很快我就能有百万年薪，我每天进出高大上的办公楼、五星级酒店，如果我选择了创业，做教育，那意味着我可能一个月的薪资都不到一千块钱，意味着我只能在破民宅里办公。

唾手可得的百万年薪和一个不确定的未来，几乎没有家长愿意看到自己的孩子选择后者而放弃前者。
面临着来自于家庭、同学，甚至学校的多重压力，张翼还是选择了创业。
如今张翼创立的掌门1对1已经成为拥有近3万名员工，全国超过10万名报名学生的行业翘楚，而张翼——当初放弃百万年薪的上海交通大学毕业生，如今不到30岁已经作为青年才俊登上福布斯榜单。（揭开谜底，公布结果）
有人说，创业和运气有很大关系，成王败寇。可是纵观社会的发展，有多少伟大的成就是源于当初看似离经叛道的选择。
创业是这样，父母教育孩子何尝不是这样呢？父母爱孩子，愿意把人生的经历和教训倾囊相授，可是人生并不存在最优解，父母的意志也无法折射进子女的人生。

正文（通过当初看似离经叛道就了创业成功的案例，引出孩子教育以及孩子是否要尊重孩子内心选择的讨论）：
很多父母发现，孩子越长大越不好管了，孩子想法太多、好高骛远，变得不懂事、不听话。
可是为人父母，他们真的不知道孩子是怎么选择的吗？
他的选择是在满足大人，而非自己
很多时候，你以为孩子在做选择，但是孩子的选择有两种：一种是真的知道是为了满足自己；另一种，他的选择是为了满足大人，而非自己。
我和哥哥从小在选择上的表现截然不同。
我每次选择都考虑到自己的感受，所以每次都选最好的、最大的、最贵的，而我总选择最简单合宜的，因此我得到家长的表扬，而哥哥总是被批评。
父母表扬我坚持自己想法、懂事，但是只有我自己知道，我是多么想得到一个自己真正想要的东西。

正文（作者通过列举对比自己和哥哥在学习成长上的选择，进一步论证孩子看似不靠谱的选择也可能是成就孩子美好的未来）：
其实我很羡慕哥哥，每次都这么坚持地要，最后都能得到自己真正想要的。而我，因为被父母表扬，甚至被拿去教育哥哥，导致我不敢选择也不敢换。
长大后哥哥也是这样，大学毕业，他想出念电影，没拍电影也非相关科系毕业的他，竟然填了美国电影研究所最好的前十所学校。父母劝他选择符合他程度的学校。他说："爸妈，出国念电影要花那么多钱，如果不能念最好的，我在国内拿文凭就好。"
后来，他被哥伦比亚大学录取，毕业作品回国也拿到了金穗奖。
哥哥就是这样，一路把最好的，努力去要，有的时候父母可能会骂他一顿，说他好高骛远、不实际，但是他永远保持对未来的想象，他的每一次选择，都是为了他自己。
即使选错，孩子的人生也不会毁掉
作为家长，我们的一生也犯过错、走过弯路、做出过错误的选择。

为什么那么放心让孩子做选择？因为人生的路每一段都有意义，失败也好，走错路也好，最后都让你变成今天的自己。
真正智慧的家长，懂得放手，懂得尊重孩子的选择。生命本就是曲曲折折，冷暖自知。

200万+家长选择的在线辅导平台——掌门1对1
在线助力孩子期中冲刺
还送价值200元的试听课程
领取方式
掌门1对1在线教育免费试听
点击图片，免费领价值200元的试听课程
期中冲刺 48课时免费送

结尾（鼓励父母要放心让孩子做选择，并在文末露出与孩子教育有关的在线辅导平台广告）

图 2-4 悬念式正文布局 1

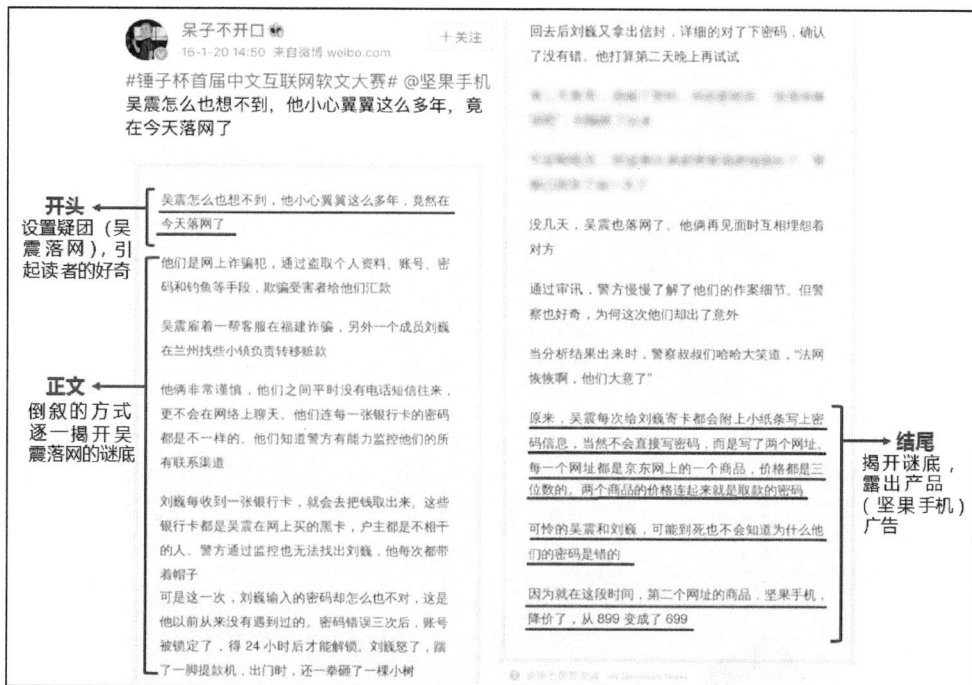

图 2-5　悬念式正文布局 2

4. 痛点式：让行动更果断

痛点式正文布局指的是通过唤醒读者的痛点，对自己的现状产生不满或对将要发生的事情产生不安，从而引出想要推广产品或服务的卖点，给读者提供切实可行的解决方案，促使他们行动。主要的表现形式是：唤醒读者痛点后，提供解决对策，导出产品推广，最终完成转化，具体案例如图 2-6 所示。

5. 体验式：直观展示卖点

体验式正文布局是指以消费者或第三方的口吻，通过对消费及使用产品的过程体验进行描述，给读者提供真实客观的建议，同时植入推广产品的优点，进一步加深产品在读者心中的印象，让读者在不知不觉中接受产品并产生购买欲望。体验式的主要表现形式是：描述消费及使用产品的过程体验，客观地评论产品的优缺点，在与同类产品比较中突出自身卖点并生成最终建议，完成产品促销、口碑引导等营销目的，具体案例如图 2-7 和图 2-8 所示。

标题

买房时可避免百万损失的干货文章，二手房四大风险防范要点

链家地产
2014年5月16日 关注

开头
选择目标受众，提醒注意

购房人在看房时，一定要着重考察这些事情。如果你自己或身边的朋友有购房计划的，也建议把这篇文章收藏或转发给他！

（一）考察嫌恶(Wù)设施

便民设施作为加分项，经纪人、业主都会向你主动讲解，你重点需要关注的是那些会减分的"嫌恶(Wù)设施"：就是有可能影响你的居住品质，甚至让你的房产增值受阻的配套，譬如距离楼栋很近的高压线、垃圾处理厂、巨大噪声源等。购房人在考察该类设施时，除了向经纪人和业主询问，还可以通过以下方式。

1.尽量白天看房，不要把目光只集中于室内格局和陈设，还要观察窗外，看周围有什么奇怪的设施。

2.在看完房内格局之后，让经纪人陪同在小区周边再看看环境。买房之前，在目标小区先"看环境"应是第一步。

3.可以上网检索周边的设施，包括使用类似"全景地图"的形式查看是否影响生活的设施存在。

正文
通过——列举自己去买房时可能遇到的风险及解决措施，引出链家针对这些风险采取的风控方法

链家的风控办法：

链家在北京有20000名经纪人，定期都会对上述信息做采集并录入我们称之为"楼盘字典"的一个巨大数据库中，"链家在线"会从数据库里把6类影响最大的设施，通过"房源详情页"的《周边配套——嫌恶设施》频道进行公示，距离精确到楼栋。

（二）考察房屋隐性瑕疵

隐性瑕疵是那些不易被识别或是信息获取难度比较大的信息，以下几项需要特别注意的。

1.房屋是否存在漏水状况：这三个地方需要重点观察。

第一，阳台，看阳台天花板、窗户与窗台连接处是否有水渍或修补痕迹，如有，需向业主了解并要求明确说明。

第二，考察卫生间，看吊顶是否有渗水水痕迹或水锈。

第三，看房屋内的踢脚线是不是有水浸痕迹。

第四，看暖气入户连接处（有些是从天花板入户，有些是楼下入户）是否有渗水水锈。

2.了解房屋是否"凶宅"：这里说的"凶宅"不是那些凶神恶煞（这些我也不信）的，是指房屋可曾发生自杀、他杀事件的（生老病死的正常死亡绝不在此列），这类信息没办法通过物理"凶宅"手段去判定，如果业主隐瞒信息高出售的话，购房人维权胜诉的几率并不大。

在了解中，可以：

（1）责成经纪人对房屋是否"凶宅"的背景进行调查：一般一个经纪人深耕几个小区的房屋交易，负责任的经纪人在日常工作中都会重点采集这类信息并记录在企业内部数据库；

（2）要求中介公司对调查结果承担责任：法律上没有要求中介公司承担责任（这也是维权难点），但如果写入合同的话，对中介公司而言就有调查、了解，并对调查结果承担责任的压力。

3.考察房屋周边的电磁辐射：辐射并非肉眼可见的瑕疵影响，能精短期间对该类设施和居民区的距离有要求，但并不能完全排除，消费者可要求经纪人出具检测报告，并对检测结果真实性承担责任。

链家的风控办法：

对"凶宅"信息，链家建立了业内唯一一个"凶宅信息库"，链家的经纪人在接到委托后，在屋内筛查（出于隐私保护方面的考虑，该信息库内的既存信息不会在线上做呈现）。

对电力设施、电磁辐射，链家在2013年就已对北京城区范围内距离居民区较近的高压线、变电设备进行检测，凡是附近有高压线的，店内都会准备有检测报告。

如果"凶宅"和"电磁辐射超标"信息没有调查出来，未来客户披露的话，则链家将承担责任。高至房屋回到（你房内的凶宅），链家经纪人会给你一份《服务承诺书》，详细记载这些承诺）。

正文：通过——列举自己去买房时可能遇到的风险及解决措施，引出链家针对这些风险采取的风控方法

（三）考察中介公司、经纪人对风险的识别、控制能力

正文
通过——列举自己去买房时可能遇到的风险及解决措施，引出链家针对这些风险采取的风控方法

二手房交易流程复杂，且金额巨大，房屋中介公司作为专业机构，除了提供房屋交易信息本身以外，还要协助交易双方控制交易风险。在看房时由于和经纪人直接接触，消费者可以对该经纪人以及中介公司的风险控制能力通过以下几个方面进行考察。

1.看经纪人是否会要求做资金监管：由于资金监管的流程较长，很多经纪人或是风险意识与手段薄弱的中介公司，都会以"收款慢"等说辞抗拒做资金监管，通过向经纪人询问资金监管的相关事务，是可以从一个侧面去了解风险防范意识的。

2.看中介是否有制式化的风险提示工具：经纪人个人能力存在差距，风险意识比较强的中介大多会有一些明确的风险提示工具，以弥补经纪人个人能力的不足。

链家的风控办法：

在资金监管方面，链家地产有严格的要求，资金监管即使在没有强制要求的地域，也已大于90%，远高于行业平均水平。

另一方面，链家地产在业内第一家推出了制式化的《签约风险提示视频》，经纪人向客户播放的比率达到99%，视频甚至会直接告诉客户，在某些情况下应终止签约，避免为了签约成交而放松风险控制的情况。此外，还会通过书中的《房地产经纪服务事项告知书》来明确法律责任。

服务号：lianjiaxiaomishu《老徐说事》

👍赞　　　👎不喜欢

结尾
通过阐述链家的风控办法进一步强化链家的风控和监管能力，达到品牌宣传目的。最后附上链家的服务号，促成转化

图 2-6　痛点式正文布局

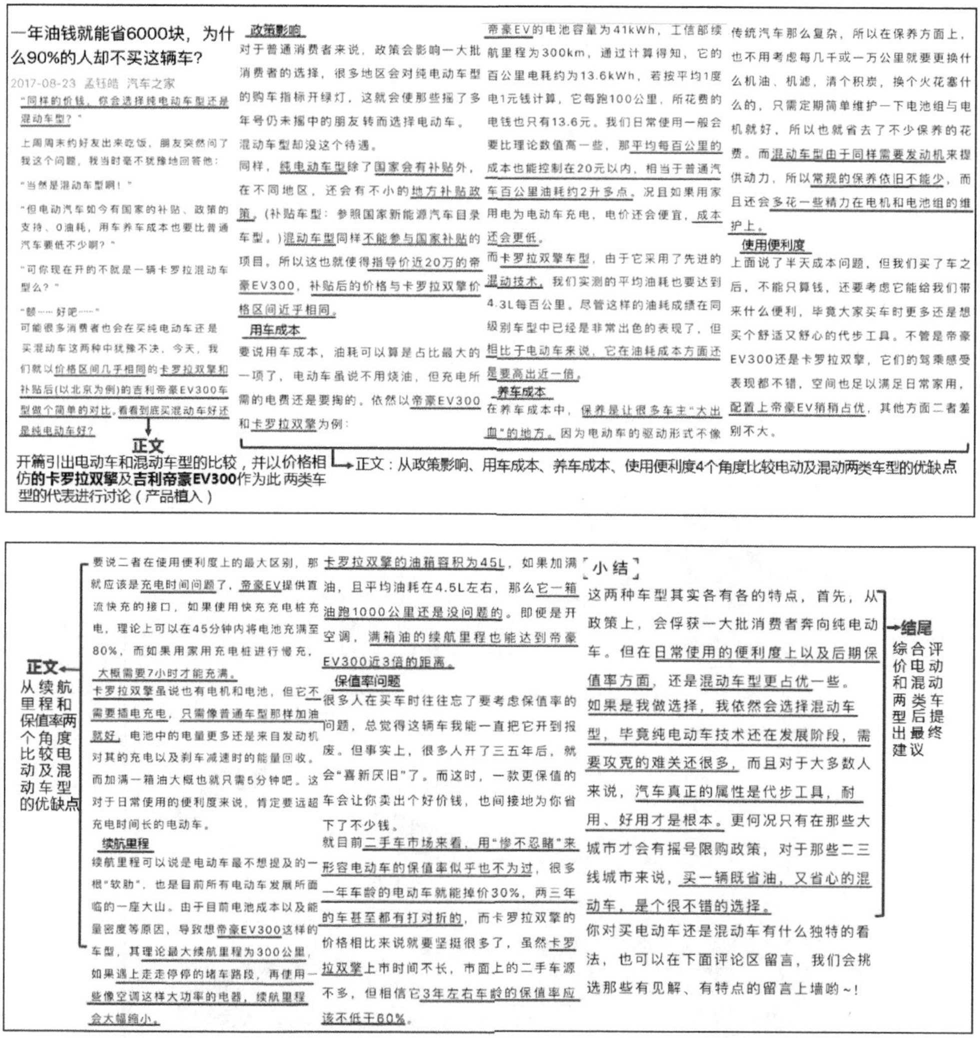

一年油钱就能省6000块，为什么90%的人却不买这辆车？

2017-08-23 孟钰皓 汽车之家

"同样的价钱，你会选择纯电动车还是混动车型？"

上周周末的好友出来吃饭，朋友突然问了我这个问题，我当时毫不犹豫地回答他：

"当然是混动车型啦！"

"但电动汽车如今有国家的补贴，政策的支持、0油耗，用车养车成本也要比普通汽车要省不少呢？"

"可你现在开的不就是一辆卡罗拉混动车型么？"

"嗯——好吧——"

可能很多消费者也会在买纯电动车还是混动车这两种中纠结不一，今天，我们用以价格区间几乎相同的卡罗拉双擎和补贴后(以北京为例)的吉利帝豪EV300车型做个简单的对比，看看到底买混动车好还是纯电动车好？

正文
开篇引出电动车和混动车型的比较，并以价格相仿的**卡罗拉双擎**及**吉利帝豪EV300**作为此两类车型的代表进行讨论（产品植入）

政策影响

对于普通消费者来说，政策会影响一大批消费者的选择，很多地区会对纯电动车型的购车指标开绿灯，这就会使那些买了多年号仍未摇中的朋友转而选择电动车。

同样，纯电动车型除了国家会有补贴外，在不同地区，还会有不小的地方补贴政策。(补贴车型：参照国家新能源汽车目录车型)，混动车型同样不能参与国家补贴的项目，所以这也就使得指导价近20万的帝豪EV300，补贴后的价格与卡罗拉双擎价格区间近乎相同。

用车成本

要说用车成本，油耗可以算是占比最大的一项了，电动车虽说不用烧油，但充电所需的电费还是要掏的，依然以帝豪EV300和卡罗拉双擎为例：

帝豪EV的电池容量为41kWh，工信部续航里程为300km，通过计算得知，它的百公里电耗约为13.6kWh，再按平均1度电元钱计算，它跑100公里，所花费的电钱也只有13.6元。我们日常使用一般会比理论数值高一些，那平均每百公里的花费比电动数值高一些，那平均每百公里油耗2升多点。况且如果果用电动车来充电，电价还会便宜，成本还会更低。

而卡罗拉双擎车型，由于它采用了先进的混动技术，我们实测的平均油耗为4.3L每百公里，尽管这样的油耗成绩在混动级车型中已经是非常出色的表现了，但相比于电动来说，它在油耗成本方面还是要高出近一倍。

养车成本

在养车成本中，保养是让很多车主"大出血"的地方。因为电动车的驱动形式不像

传统汽车那么复杂，所以在保养方面上，也不用考虑每几千或一万公里就要换什么机油、机滤，清个积炭，换个火花塞什么的，只需定期简单维护一下电池组与电机就好，所以也就省去了不少保养的花费。而混动车型由于同样需要发动机来提供动力，所以常规的保养依旧不能少，而且还会多花一些精力在电机和电池组的维护上。

使用便利度

上面说了半天成本问题，但我们买了车之后，不能只算钱，还要考虑它能给我们带来什么便利，毕竟大家买车时多数还是想买个舒适又舒心的代步工具，不管是帝豪EV300还是卡罗拉双擎，它们的驾乘感受表现都不错，空间也足以满足日常家用，配置上帝豪EV稍占优，其他方面二者差别不大。

正文： 从政策影响、用车成本、养车成本、使用便利度4个角度比较电动及混动两类车型的优缺点

要说二者在使用便利度上的最大区别，那就应该是充电时间问题了，帝豪EV提供直流快充的接口，如果使用快充充电桩充电，理论上可以在45分钟内将电池充满到80%，而如果用家用充电桩的话慢充，大概需要7小时才能充满。

卡罗拉双擎虽说也有电机和电池，但它不需要要插电充电，只需像普通车型那样加油就好。电池中的电量更多还是来自发动机以及在刹车减速时的能量回收。而加满一箱油大概也就只需5分钟吧，对于日常使用的便利来说，肯定要超过充电时间长的电动车。

续航里程

续航里程可以说是电动车最不想提及的一根"软肋"，也是目前所有电动车发展所面临的一大难山。由于目前电池成本以及能量密度等原因，导致想帝豪EV300这样的车型，其理论上续航里程为300公里，如果再上走走停停的堵车路段，再使用些像空调这样大功率的电器，续航里程会大幅缩小。

正文
从续航里程和保值率两个角度比较电动及混动车型的优缺点

卡罗拉双擎的油箱容积为45L，如果加满油，且平均油耗在4.5L左右，那么它一箱油跑1000公里还是没问题的。即便是开空调，满箱油的续航里程也能达到帝豪EV300近3倍的距离。

保值率问题

很多人在买车时往往忘了要考虑保值率的问题，总觉得这辆车我能一直把它开到报废。但事实上，很多人开了三五年后，就会"喜新厌旧"了。而这时，一款更保值的车会让你卖出个好价钱，也间接地为你省下了不少钱。

就目前二手车市场来看，用"惨不忍睹"来形容电动车的保值率似乎也不为过，很多一年车龄的电动车能摊价30%，两三年的车甚至都有打对折的，而卡罗拉双擎的价格相比来说就要坚挺很多了，虽然卡罗拉双擎上市时间不长，市面上的二手车源不多，但相信它3年左右车龄的保值率应该不低于60%。

小结

这两种车型其实各有各的特点，首先，从政策上，会俘获一大批消费者奔向纯电动车。但在日常使用的便利度上以及后期保值率方面，还是混动车型更占优一些。如果是我做选择，我依然会选择混动车型，毕竟纯电动车技术还在发展阶段，需要攻克的难关还很多。而且对于大多数人来说，汽车真正的属性是代步工具，耐用、好用才是根本。更何况只有在那些大城市才会有摇号限购政策，对于那些二三线城市来说，买一辆既省油，又省心的混动车，是个很不错的选择。

你对买电动车还是混动车有什么独特的看法，也可以在下面评论区留言，我们会挑选那些有见解、有特点的留言上墙的~！

结尾
综合评价电动和混动两型车后提出最终建议

图 2-7　体验式正文布局 1

实战训练

如果让你为一家五星级酒店写一篇体验式软文，你会从哪几个方面入手？

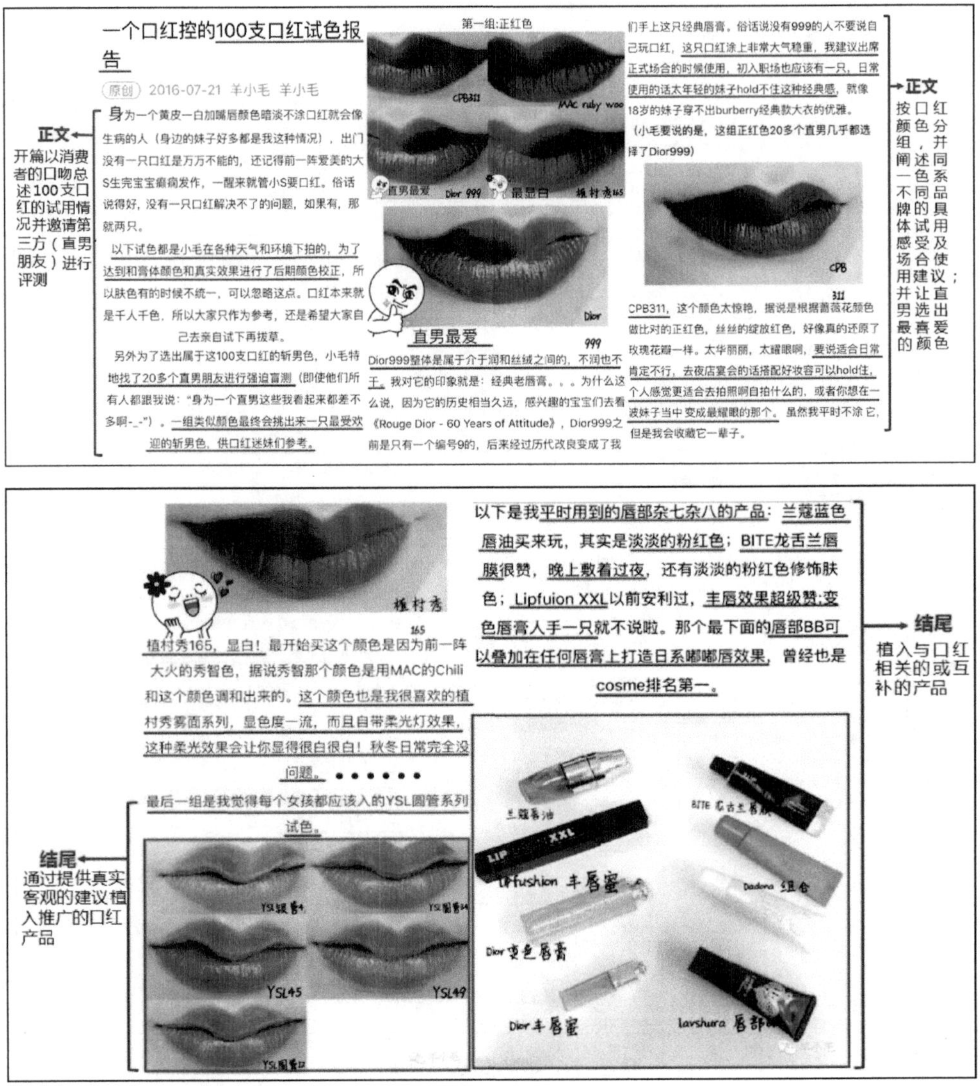

图 2-8 体验式正文布局 2

2.2.4 软文结尾的四大类型

软文结尾的目的是呼应开头、总结全文和突出主题。一篇优秀的软文除了要有引人入胜的开头和内容具体清晰的正文之外，巧妙有力的结尾设置也是至关重要的。以下总结了四种常见类型的软文结尾。

1. 首尾呼应式

总分总结构是软文写作最常见的结构，开篇提出总论点，中间正文提出若干分论点和论据进行分析，结尾再次对总论点进行总结。首尾呼应式的结尾能让文章脉络互相贯通，结构更加完整，也让文章的立意找到了落脚点。具体的首尾呼应式结尾案例如图 2-9 所示。

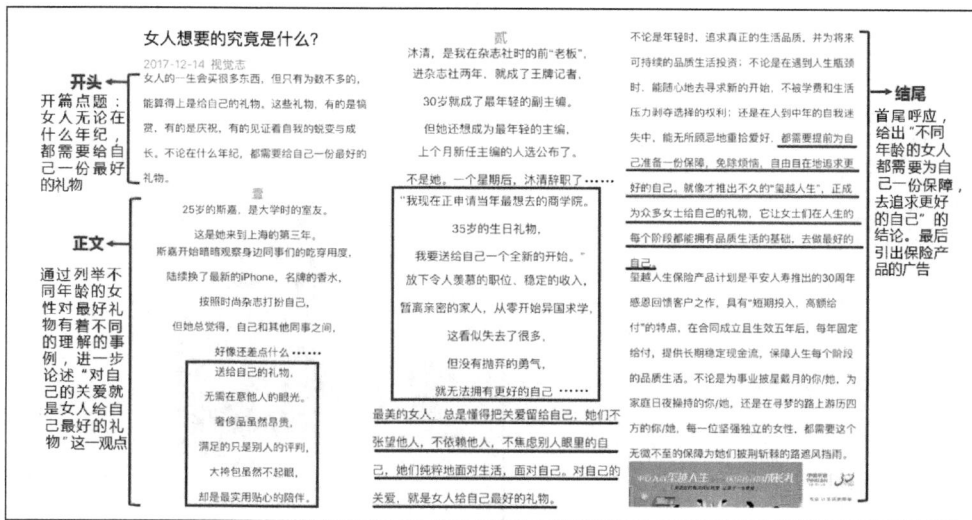

图 2-9　首尾呼应式结尾

实战训练

如果文章的开头是"我越来越深刻地感觉到谁是我们最可爱的人！"，以下哪句结尾不符合首尾呼应的写作方法？（　　　）

A. "我们的战士，我感到他们是最可爱的人。"

B. "我以我们的祖国有这样可爱的英雄而骄傲！"

C. "朋友，你一定会深深地爱我们的战士，他们确实是我们最可爱的人！"

D. "这群为了人民的幸福不惜流血牺牲的战士们，难道不是我们最可爱的人吗？"

2．篇尾升华式

篇尾升华式的结尾是指软文开篇没有提出明确的主旨，在结尾的时候通过一句话或一段话来点明主旨、升华主题。篇尾升华式的结尾起到画龙点睛的作用。在结尾处拔高主题后，再自然而然地接入广告，对读者的转化更有促进作用。具体的篇尾升华式结尾案例如图 2-10 所示。

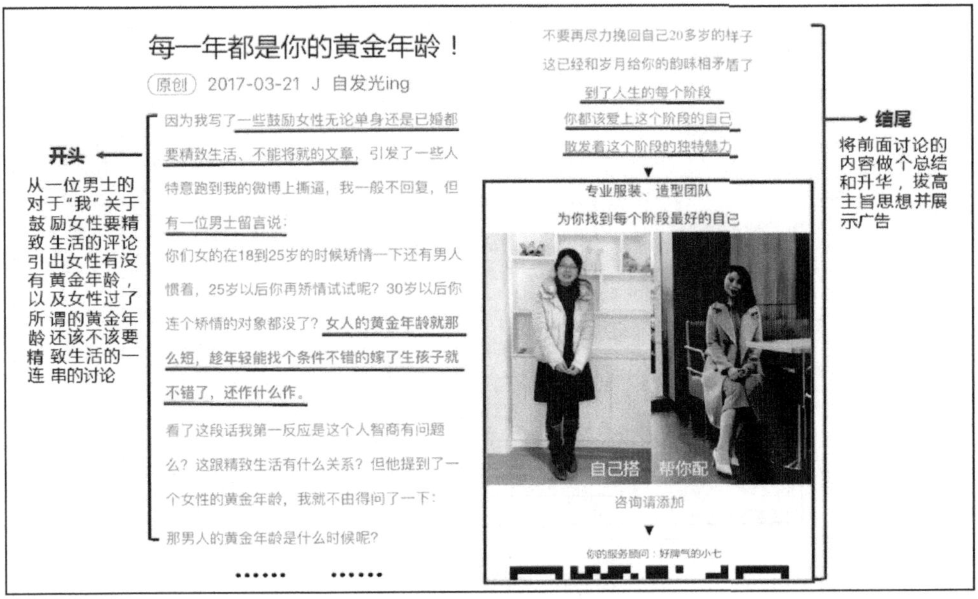

图 2-10　篇尾升华式结尾

实战训练

如果你要写一篇软文推荐大家去观看电影《阿甘正传》，在软文结尾处你会提炼一个怎样的主旨升华全文？

3．巧妙发问式

巧妙发问式结尾多用于叙述性软文中，指在结尾处写下含义深刻的结束语后加入问句，引起读者反思，强化主旨。巧妙发问式结尾的软文能留给读者更多想象的空间，颇有"余音绕梁，三日不绝"的韵味，同时也达到了和读者互动的效果。具体的巧妙发问式结尾案例如图 2-11 所示。

过去二十年，你搬过几次家？

(原创) 2017-12-22 反裤衩阵地
反裤衩阵地

开头
从宜家的20周年纪念的视频引发"二十年搬过几次家"及相关问题的讨论，唤醒读者与宜家相关的二十年的生活记忆

在宜家网站买东西，就看见了宜家进入中国20周年的纪念视频，真是吓了一大跳。

从我上大学起，每周去马甸逛宜家便是我最大的爱好。没错，那时候北京的宜家还在北三环，挨着一家连锁电器商店，每次坐在拥挤又冷硬的300路公交车里，看着窗外不断退后的车流、灰色的大楼和巨大的水泥立交桥，只有宜家巨大的蓝色外墙和四个黄色字母带来温暖又醒目的与众不同感。

对一个远离家乡的学生来说，跟那时所有商场或超市满眼花花绿绿、凌乱又毫不在乎美感的气场不同，宜家是开放的、温馨的、新鲜美好又充满创意的，简直就是我们梦想中关于家的一切样子——这一点显然不止是震撼到我。那时候，我们整个学院路乃至昌平地区所有校园情侣们的最佳约会圣地，不是公园，而是宜家。

你是不是也一样？从上大学到现在，二十年过去，住过的每一个家，都存在宜家？而在这二十年里，我们搬过了家，换了好几份工作，当年一起逛宜家的那个人，也许也不知所踪。但，他们始终是我们心里最柔软的回忆：在离家千里、终于要独立生活之后，曾经有一双手，举着一口也许叫作"卡瓦科"的平底锅，柔情地对你说：我们买这个吧，早上可以煎荷包蛋给你吃。

说句有用的题外话：此时正值宜家庆祝进入中国二十年，如果你关注了宜家的微信服务号（**宜家俱乐部**），可以领取满200减20、满300减30的代金券。你也知道宜家很少做这样力度的促销，自己领完再分享给朋友还会有额外的代金券给你。我去领了，我正好需要买一张床放在客房——春节要到了，你懂的。

好感慨，想一想二十年里的六次搬家，什么都换过了，最初在宜家买的一套调料玻璃瓶居然一直用着。用得太顺手，那瓶身都温润了，不想换新的。

你呢？这么多年过去，你还记得你在宜家买过的第一件东西么？现在还在用吗？此刻是和当年一去逛宜家的人在一起么？

结尾
将二十年的生活记忆与宜家联系起来，并在结尾抛出和推广品牌相关的问题，引发读者思考

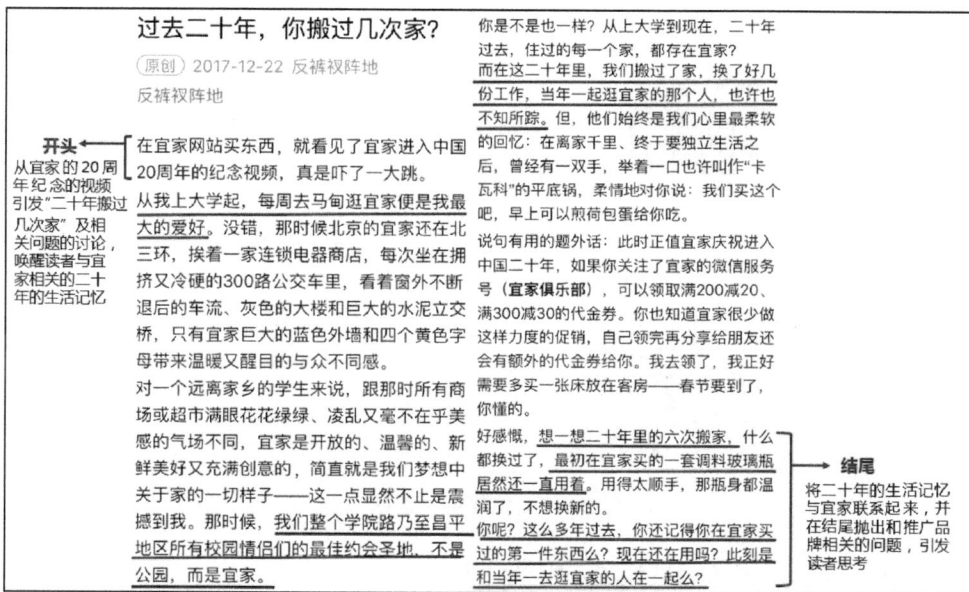

图 2-11　巧妙发问式结尾

实战训练

　　微信搜索《还记得那个爱着芭比娃娃的你么？》这篇软文，给此篇软文的结尾加个能引发读者反思的问句。

4．神转折式

　　神转折式结尾指软文正文部分一直在叙述一个与推广产品无关的内容，但在结尾部分突然转折到另一个看似与之前叙述的内容毫不相干的话题，或是在结尾部分亮出一个出人意料、峰回路转的结局并展示广告。

　　软文内容转折的前后形成一种强烈的反差感和奇妙的荒谬感，从而引发某种程度的喜剧效应，让读者感觉突兀又有趣。这种写法能把广告较好地隐藏起来，让读者毫无防备、始料不及，等读者反应过来时，这些推广也已被读者所接受。具体的神转折式结尾案例如图 2-12 所示。

图 2-12　神转折式结尾

2.2.5　软文金句提炼的八大招式

金句即指像金子一样有价值的句子、宝贵的话语。金句往往能发人深省。电影里的金句可以给电影带来更多的传播，如电影《两小无猜》里的金句"好的爱情是你通过一个人看到整个世界，坏的爱情是你为了一个人舍弃世界"。娱乐节目里的金句不仅让人记住节目本身，更会对金句的提出者印象深刻，如《奇葩说》里的马薇薇提出了"没有逻辑的正能量就是负能量"等金句，她也正因为在节目中频频出金句而被众人所熟知。广告里的金句更会引起受众共鸣，从而提升受众对广告推广品牌的好感度，如新百伦 2016 年的广告片里提出的金句"人生没有白走的路，每一步都算数"。在软文中，金句如同锦上添花，会让读者印象深刻，引发共鸣。

金句往往朗朗上口，又蕴含哲理；既容易被读者记住，又容易被广泛传播。金句的创造要求撰写者有一定的人生阅历和沉淀，但也有一定的规律可循，有一定的方法可套用，比如运用修辞方法提炼金句。不同的修辞方法会让句子更传神。以下为提炼金句的八种常用的修辞方法。

1. 比喻

比喻是指根据两种不同性质事物的相似点，用一事物来描写或说明另一事物，也称作"譬喻""打比方"。比喻句中，被比喻的事物称为"本体"；

打比方的事物则称为"喻体"。运用比喻的修辞手法，能够使描述的事物更形象生动，使抽象的观点或道理更具体浅显，从而引发读者联想，富有感染力和说服力。

案例：

（1）7-11 CITY CAFÉ："整个城市就是我的咖啡馆"。

本体：城市

喻体：咖啡馆

目的：7-11 CITY CAFÉ 运用比喻表明了该品牌咖啡业务的布点较多，顾客可以在城市里随时随地享用该品牌的咖啡。

（2）网易新闻："每个人都是一条河流，每条河都有自己的方向"。

本体：人

喻体：河流

目的：网易新闻希望借助比喻来表达对年轻人精神世界的支持与尊重，鼓励年轻人要勇于寻找真实的自我，敢于表达独立的观点。

（3）中华汽车："世界上最重要的一部车是爸爸的肩膀"。

本体：爸爸的肩膀

喻体：车

目的：中华汽车通过比喻的手法传递了品牌崇尚亲情的价值观。

实战训练

以下句子的本体和喻体分别是什么？

（1）全家便利店："全家就是你家。"

（2）日产汽车："古有千里马，今有日产车。"

2．对比

对比是指把具有明显差异、矛盾和对立的双方进行比较，其表现形式主要有自己与他人对比、过去与现在对比等。运用对比手法，有利于充分显示事物的矛盾，突出被表现事物的本质特征，加强软文的艺术效果和感染力，引发读者共鸣。

案例：

（1）今周刊："别人看历史，我们看未来。"

通过"别人"与"我们"的对比，凸显今周刊相比竞争对手，其提供资讯的速度更快，资讯的内容也更具有前瞻性和指导意义，能满足读者第一时间掌握新鲜精准资讯的需求。

（2）网易云音乐："小时候总是骗爸妈自己没钱了，现在骗他们自己还有钱。"

通过"小时候"与"现在"对比，将网易云音乐的用户听音乐时的心情重现，让长年在外打拼的年轻读者产生代入感和共鸣。

（3）撒隆巴斯："小体贴，大舒畅。"

通过"小"和"大"的对比，凸显撒隆巴斯不同规格产品的特点及使用效果。

实战训练

（1）第一银行增资卡广告中提到的金句"现在的 nobody，未来的 somebody"，以及韩寒电影里提到的"小时候分的是好坏，成年人只看利弊"，你觉得这两个金句都是用什么和什么进行对比？

（2）美国蓝鸟运动器材公司的这则广告"教练们早已习惯于用蓝鸟的产品来评判一切运动器材"用了哪种修辞手法，这种写法想要向读者表明什么观点？

3. 顶真

顶真是指上句的结尾与下句的开头是相同的字或词，即邻接的句子首尾蝉联，也称作"顶针""连珠"。运用顶真的修辞手法，不仅使上下句子语义连贯，前后逻辑严密，巧妙的构思更是让受众难忘。

案例：

（1）海尔冰箱："海尔冰箱，冰箱新形象"。

海尔冰箱通过运用顶真的手法，让其广告语读起来朗朗上口，突出了海尔的创新设计领导冰箱新潮流的特点。

（2）丰田汽车："车到山前必有路，有路必有丰田车"。

丰田汽车通过运用顶真的手法表明了其汽车销量之大、销路之广，也进一步说明了产品"质量高、性能优、技术过硬"等特点。

（1）请你用顶真的手法给一个名为"甜心"的糖果品牌写一句含有该品牌名的广告语。

（2）长城电扇的广告语"长城电扇，电扇长城"中用了哪几种修辞手法？

4. 双关

双关是指运用词的多义或同音的条件，有意使语句具有双重意义，言在此而意在彼，其主要表现形式有语义双关和谐音双关等。运用双关的修辞手法宣传品牌，能起到一石二鸟的效果，令人赏心悦目，回味无穷。

案例：

（1）联想电脑："如果没有联想，世界将会怎样？"

"联想"一词，既指代"联想"这一品牌名，又指代"联想"的能力。通过一语双关的手法，表明该品牌在世界中的地位及重要性。

（2）天猫："上天猫，就购了。"

"购"指的是"购买"，而语音上又同"够"，代表"足够"的意思，既表明天猫上的品牌质优价美，让顾客放心购买；又表明了天猫上的品牌丰富齐全，上这个平台就足够了。

（3）特步运动鞋："特步，非一般的感觉。"

"非"指的是"非同寻常"的意思，而语音上又同"飞"，表明该品牌的运动鞋与众不同，穿上跑步能体验到飞一样的感觉，进一步凸显品牌的性能。

（1）请选出以下运用"双关"方式的句子。

① 滴滴出行："打开车门就是家门"。

② 大众银行："不平凡的平凡大众"。

③ 红桃 K 补血冲剂："补血，我就服红桃 K"。

（2）请用双关的修辞手法为某手表品牌写一句广告语。

5. 比拟

比拟指的是把一个事物当作另一个事物来描述说明，其主要表现形式有将物比作人，将人比作物以及将甲物比作乙物。运用比拟的修辞手法，可以将事物描述得更形象、生动、具体，能启发读者想象，让人感到新奇和富有情趣。

案例：

（1）万科："让建筑赞美生命"。

把建筑比拟成人，拥有赞美生命的能力。

（2）某地产广告："朝生活卖萌，它就朝你笑"。

把生活比拟成人，让"生活"这个词变得更生动。

（3）大白兔奶糖："美味蹦出来！"

把味道比拟成兔子，一个"蹦"字，给没有生命的味道添了几分活泼之感，又呼应了"大白兔"这个品牌名。

实战训练

（1）请找出以下未用比拟的句子。

① 中华豆腐："慈母心，豆腐心"。

② 派克钢笔："钢笔比剑更有力"。

③ 微信公众平台："再小的个体，也有自己的品牌"。

（2）请以"爱护动物"为主题，运用比拟的修辞手法写一句公益广告语。

6. 象征

象征是指根据事物之间的某种联系，借助某人某物的具体形象（象征体），以表现某种抽象的概念、思想和情感（本体）。运用象征的手法，可以将抽象的事理转化为具体可以感知的形象，使软文立意高远，含蓄深刻，耐人寻味。

案例：

（1）红星二锅头："将所有一言难尽，一饮而尽。"

本体："一言难尽"的心情

象征体：二锅头

（2）方太水槽洗碗机："要捡起心中的梦，先放下手中的碗。"

本体：所有阻碍读者实现心中梦想的琐事

象征体：碗

实战训练

（1）上述方太水槽洗碗机的广告语，除运用了象征的手法之外，还运用了什么手法？

（2）以下这句广告语，其本体和象征体分别是什么？

红星二锅头："把激情燃烧的岁月灌进喉咙。"

7. 对偶

对偶是指用结构相同、字数相等、意义对称的词组或句子来表达相反、相似或相关的意思。对偶的词组或句子，有内容工整、节奏鲜明、朗朗上口等特点。运用对偶的修辞手法，可以使语句更加精练简洁、易诵易记，让人印象深刻。

案例：

（1）旅游卫视："身未动，心已远。"

"身体"与"心灵"，"未动"与"已远"两组对称且意思相反的词组，用最简洁的语言表明了旅游卫视精彩的节目内容，让观众有种身临其境的感受。

（2）Airbnb 民宿短租平台："睡在山海间，住进人情里。"

通过"睡在"和"住进"，"山海间"和"人情里"两组对称的词组，强调了 Airbnb 民宿短租平台"既能满足游客享受大自然美景的需求，又可以通过住在当地房东的家里更深入地体验和融入当地人的生活"的两大特点，让读者心生向往。

（3）天猫全球酒水节："走场的应酬越来越多，走心的朋友越来越少。"

"走场的应酬"和"走心的朋友"这组贴近读者生活场景的词组，戳中读者心中的痛点；通过对偶也进一步表明主题"为遇见走心的朋友干一杯"。

实战训练

（1）上述天猫全球酒水节的广告除了运用对偶的修辞手法之外，还运用了什么手法？

（2）判断以下哪句话没有运用对偶的手法。

① 泸州老窖："别把酒留在杯里，别把话放在心里。"

② 统一润滑油："多一些润滑，少一些摩擦。"

③ BenQ（明基）投影机："就算是家人，也要继续当恋人。"

8. 换算

将难以理解的抽象或陌生的概念，抑或是产品或品牌的特点，与熟悉的事物或概念联系起来，做具体化的数据换算。运用换算的修辞手法，能够让事物从抽象化为具体，从陌生变为熟悉，以便读者更容易理解。

（1）iPod："把 1000 首歌装到口袋里。"

用具体的数字描述 iPod 的存储容量，能够更清晰地让读者了解产品体积小、容量大和方便随身携带等特点和卖点。

（2）OPPO 手机："充电 5 分钟，通话 2 小时。"

用具体的数字说明 OPPO 手机快速充电的技术，能更加形象生动地突出产品卖点。

（3）长城葡萄酒："三毫米的旅程，一颗好葡萄要走十年。"

通过用十年的时间来描述一颗葡萄从瓶外到瓶内的距离，想向读者表明长城葡萄酒精致严谨的选材及生产过程，有利于增强长城葡萄酒在读者心中的正面品牌联想。

实战训练

（1）判断以下哪句话不属于换算手法。

① 小米体重计："100 克，喝杯水都能感受的精准。"

② 京东白条："QQ 等级三个太阳，没见过一个夏威夷姑娘。"

③ 香飘飘："香飘飘奶茶，杯子连起来可绕地球三圈。"

（2）请用象征的修辞手法写一句关于减少使用一次性筷子的公益性广告语。

// 2.3 取之不尽的软文灵感的三大来源

写软文就如同盖房子，软文的写作素材就如同盖房子所需的水泥、沙子、钢筋和砖瓦等原材料。要想写好一篇软文，丰富的写作素材是基础和前提。只有积累足够优质的写作素材，才能让软文主题更加突出，内容更加充实；也能让软文撰写者做到行云如流水，下笔如有神。常见的软文写作素材及获取来源主要分为以下三类。

1. 知识分享类素材：源于书籍与网络等

撰写者通过系统地阅读相关专业领域的书籍，快速了解该领域的知识体系及架构，在阅读经典的基础上补充新知，建立自己的思考、写作模型库以及素材清单库。根据不同的写作主题，将书籍上原有素材的知识理论、思考模型、写作框架、修辞手法等素材运用到具体的软文写作中。

除了阅读书籍外，还可以浏览知识类学习平台、网站及知识型自媒体人的公众号。通过快速浏览标题寻找和整理感兴趣的内容及要点，思考软文撰写角度及构建写作框架，提炼软文所需的内容素材进行加工和输出。

2. 实战技能类素材：源于自身的工作经历、实战经验及成功案例等

实战技能类素材主要来源于日常的工作及学习交流，如在职场中运用到的分析问题解决问题的技能、与客户沟通的技能、处理好人际关系的技能和办公软件的应用技能等；或在某个行业或工作中积累的经验，如项目运营、营销推广、广告投放等实战经验；抑或是参加学习与培训或同行聚会所获取的别人的成功案例和经验，这些都是很好的软文写作素材来源。此外，还需在工作时有意识地做好记录并定期将这些经验总结输出，到需要用时才可做到"信手拈来"。

3. 情感故事类素材：源于生活感悟、情感经历以及电影桥段

情感故事类素材主要源于生活中亲身经历的，发生在自己身边的，文章中读到的，与人交流听到的，电视或电影中看到的故事或感悟等。只要善于观察，用心发现，认真感悟，情感故事类素材随处可见。如在软文写作中能够围绕软文的主旨，将此类同质的素材进行叠加使用，即指将积累的相同或相似的故事素材进行巧妙组合，会让软文更具感染力。例如，微信公众号"视觉志"中的一篇突破 4000 万阅读量的爆款软文《谢谢你爱我》，就是将生活中多个感人的小故事组合起来，共同表达"世界上总有一个人用心爱你"的主题。

拓展阅读

微信搜索软文《谢谢你爱我》，并阅读全文。

03 Chapter

第 3 章
提升软文营销效果的
三大制胜法宝

通过阅读本章内容，你将学到：

- 关键词引人注意
- 故事软文促人行动
- 五大传播设计诱人转发

// 3.1 关键词引人注意

一篇优秀的软文，不仅能吸引用户注意并被用户传播，还能在网络上长久保存且持续发挥其影响力，间接或直接地提高企业的知名度及产品销量。而关键词在企业的软文营销中更是起着至关重要的作用。软文中的关键词设置是否合理，直接决定了用户是否能够在最短的时间内搜索到企业信息，吸引用户点击阅读并最终完成转化。因此，设置与企业品牌相关且符合用户搜索习惯的关键词是提升软文营销效果的关键。

3.1.1 关键词是什么

网络用户输入到搜索引擎搜索框中的提示性文字或符号就是关键词。关键词可以是一个字、一个词组或一个句子，也可以是一个数字、英文或其他符号。

大部分网络用户在购物类网站上都是通过关键词搜索到自己所需商品的。如同用户的网络购物行为一样，用户同样通过百度、搜狗甚至微信顶部的搜索框搜索所需内容。例如，领导安排制作PPT，不知如何下手的用户会在相关网页的搜索框中输入"PPT""PPT怎么做""PPT排版方法""怎么做PPT才好看"等关键词，并在搜索结果中寻找自己想要的相关信息。若企业推广的软文标题及内容中恰巧含有用户输入搜索的关键词，则该软文就更容易被用户搜索到。因此，关键词的合理设置，是软文获取流量关注及达到预期营销效果的前提。

3.1.2 关键词设置的两大原则及四种类型

1. 关键词设置原则

关键词就像一座桥梁，连接着企业和用户。企业可以依靠用户历史搜索的关键词推断用户的搜索意图、兴趣偏好及市场需求。如用户搜索"连衣裙"，意味着该用户可能有购买连衣裙的需求。而在搜索结果中，位置排名靠前的结果获得用户点击的可能性会更高，促成交易的可能性也相应会提高。

因此，为了让企业的推广软文能有更高的展出率及点击率，达到最大的营销效果，就要求软文撰写者合理设置关键词。设置关键词需遵循以下两大原则。

（1）相关性

企业软文设置的关键词要与其品牌产品及所在行业具有相关性。如干洗店要做软文营销，其关键词的设置应与洗衣、衣物保养等内容相关，如"羽绒服清洗""衣服干洗"等，而不应设置"手机测评""笔记本"等毫不相关的关键词。

（2）符合用户的搜索习惯

要根据用户习惯搜索的词汇设置关键词。如红薯，因为不同地区的叫法不一样，搜索关键词也会不一样。山东人和东北人搜索"地瓜"，上海人搜索"山芋"，安徽人搜索"芋头"，江西人则搜索"红薯""白薯""红心薯""粉薯"等。因此，卖红薯的商家或企业需根据自身产品的市场开拓及投放策略去设置及调整推广软文的关键词。

2. 关键词的类型

一般而言，关键词主要可分为泛关键词、核心关键词、辅助关键词、长尾关键词。企业在软文写作过程中，可根据具体的实际情况，选取以上四种类型的关键词中的一种或几种进行组合设置。

（1）泛关键词

泛关键词通常指搜索量大但不够精准的关键词，通常是指代一种行业或品类的词汇，如"服装、珠宝、家具、计算机、手机、汽车、美容、护肤"等。搜索"美容"一词有 6000 多万个结果，而搜索"服装"一词则有 7000多万个结果，如图 3-1 所示。由此可见，如果企业使用这类具有行业属性的词汇作为软文的关键词，其推广的软文会因为同行的激烈竞争而难以被用户搜索到。这类转化率不高的词汇，如果企业不属于行业的龙头企业或不具备很强的经济实力，则不建议使用。

图 3-1　搜索框搜索泛关键词

（2）核心关键词

核心关键词是指与企业品牌或产品息息相关的、用户搜索频率最高的词汇。企业可以根据自身需求及软文投放的目标提取核心关键词，主要从营销目标、受众定位、市场环境三个方面着手。下面以京东为例，详述核心关键词的提取方法，如表 3-1 所示。

表 3-1　核心关键词类别分类表

核心词来源类型		注释	核心词示例
营销目标	品牌推广	与公司及品牌相关的核心词	如"京东、京东官网、京东商城、京东自营、京东白条"等
	主营业务宣传	品类、品牌或产品的名称、购买渠道等	如"京东自营手机、华为 nova 2、网上商城"等
	活动促销	与活动相关的名称、内容和价格等	如"京东'618'品质狂欢节、华为品牌日满 1000 元减 200 元、华为 Mate 9 只需 2899"元等
	市场公关	事件名称或与事件密切相关的词语或词组	如京东疑似销售翻新苹果手机事件："京东出售苹果翻新机""联通回应京东翻新机"等
受众定位		根据营销目标确定目标人群，根据他们的兴趣点拓展和筛选关键词	如目标人群是 20～35 岁的年轻女性，则关键词可选用"美白""保湿""美食"等
市场环境		竞争企业的品牌名称、主营业务等	京东的主要竞争对手，如天猫、亚马逊中国、当当、国美电器、苏宁易购等

① 营销目标。企业的营销目标主要分为品牌推广、主营业务宣传、活动促销、市场公关等。当企业的营销目标为品牌推广时，可选用与企业及品牌相关的核心词作为关键词，如"京东""京东商城"等；当营销目标为主营业务宣传时，其核心关键词可选用品类、品牌或产品名称、购买渠道等，以京东商城主营业务之一的手机品类为例，可选用的关键词有"京东自营手机""华为 nova 2""网上商城"等；当营销目标为活动促销时，其

核心关键词可选用与活动相关的名称、内容和价格等，如"京东'618'品质狂欢节""华为品牌日满 1000 元减 200 元"等；当营销目标为市场公关时，则可选用事件名称或与事件密切相关的词语或词组，如京东疑似销售翻新苹果手机事件，其核心关键词可以是"京东出售苹果翻新机""联通回应京东翻新机"等。

② 受众定位。从受众定位的角度出发，其核心关键词的提取应依据软文营销目标人群的兴趣爱好进行拓展和筛选。如目标人群是 20～35 岁的女性，她们平时的爱好可能是逛街、美容、保养、美食等，她们常搜索的词汇可能为"美白""保湿""美食"等，则核心关键词可选用该类词汇。

③ 市场环境。从市场环境的角度出发，其核心关键词的提取应关注竞争企业的品牌名称或主营业务等。如京东的主要竞争对手是天猫、亚马逊中国、当当和苏宁易购等，则核心关键词可酌情选用与竞争对手的品牌名或产品名等相关的关键词。这类词汇也可称为"竞品词"，在实际应用中要尽量避免撰写有损竞争对手形象的推广软文。如果该企业已申请品牌保护，则不能选用此类词汇作为关键词。

（3）辅助关键词

辅助关键词也可称为"扩展关键词"或"相关关键词"，是指与核心关键词相关的解释、名称等，是对核心关键词的扩展和补充。如手机，其辅助关键词可以是"商务手机""音乐手机""拍照手机"等。

（4）长尾关键词

长尾关键词是指虽非核心关键词却与核心关键词相关，搜索量小却有潜力的组合型关键词。长尾关键词的特征是相对比较长，往往由两三个词或短语组成。如"衬衫"的长尾关键词有"真丝印花衬衫""花边真丝长袖衬衫"等。由于这类词的品类更细分、目的性更强，虽然其搜索量相比"衬衫"这样的大词而言较小，但它吸引的用户更精准，转化率相应也更高。

3. 案例解析

华为 nova 2 手机在暑假来临前上市，价位在 2000 元以上，目标人群设定为刚入职场的年轻人，并且主打自拍功能。针对这款手机，华为做了一系列软文推广，如图 3-2 所示。

图 3-2　华为 nova 2 软文推广

从下面的软文标题中可看出不同类型的关键词设置，如表 3-2 所示。

表 3-2　华为 nova 2 系列软文标题

1	《实习季"总攻"养成秘籍：玩转 HUAWEI nova 2 系列三大黑科技》
2	《自拍神器变身职场利器　HUAWEI nova 2 系列实用功能初体验》
3	《新款华为 nova 2 官网价 2499 元　分期 0 首付》
4	《"自拍神器"的后置也超强！HUAWEI nova 2 系列给你精彩暑假》
5	《聚会自拍不发愁 HUAWEI nova 2 系列简单支招轻松变美》
6	《华为 nova 2 怎么样？华为 nova 2 真机体验，后置双摄，你比想象中的更美》

① 核心关键词：华为、HUAWEI、nova 2。

② 辅助关键词：自拍、新款、后置双摄、真机。

③ 长尾关键词：自拍神器、实习季、聚会自拍、轻松变美。

实战训练

请阅读以下软文的标题及正文的首段内容，将核心关键词、辅助关键词、长尾关键词找到并分别填写。

标题：《玩游戏和拍照的最佳拍档！OPPO R11 Plus 今日开售》

正文：6 月 16 日，OPPO R11 在京东商城开售仅 7 分钟便冲上了销量榜的榜首，线上开卖 40 分钟便超越了去年 OPPO 9s 首销当天的销量。R11 凭借着出色的外观设计以及拍照功能成为 3000 元这个价位最受欢迎的手机之一。今天早上 10 点，OPPO R11 系列 R11 Plus 正式在京东、天猫、苏宁易购、OPPO 官网等四大平台开售，售价为 3699 元。作为 OPPO R11 的升级版，R11 Plus 拥有非常明显的三大提升，相信会获得不少消费者的青睐。

（1）核心关键词：

（2）辅助关键词：

（3）长尾关键词：

3.1.3　关键词的三个选择方向及植入原则

如果一篇软文能够正确、合理地设置关键词，就会带来曝光度和流量，引发用户关注。反之，软文就会被淹没在信息的洪流中，根本无法起到宣传推广的作用，也无法达到预期的营销效果。因此，企业要想通过软文更好地实现其营销目的，需要在兼顾企业品牌、目标客户需求、搜索引擎的搜索规则的前提下，正确合理地选择及植入关键词。

1. 关键词选择方向

软文的关键词选择一般从以下三个方面来考虑。

（1）软文推广的目的

按照品牌推广、主营业务宣传、活动促销和市场公关这四类目的即可选出软文的核心关键词。如以品牌推广为目的的软文，其核心关键词的设置一定不能少了企业或品牌的名称。

以可口可乐品牌活动的推广软文为例，其核心关键词可设置为“可口可乐”和具体的活动名称，并在此基础上添加辅助关键词、长尾关键词。如软文《可口可乐隐形自动贩卖机　仅情侣经过时现形》，其中“可口可乐”和“自动贩卖机”为核心关键词，“隐形”为辅助关键词，“情侣经过”和“现形”则为长尾关键词。

（2）软文推广的对象

要站在用户的角度，以用户的思维方式及搜索用语的习惯来思考。用户搜索的内容体现了其背后所关注的具体问题和需求，因此，站在用户角度分析用户真正的需求是设置关键词的关键。

如面膜品牌要设置关键词时，可以通过分析用户在寻找同类产品时所使用的关键词及其搜索习惯，在百度搜索栏搜索主营业务关键词"面膜"，搜索下拉框会自动显示常被用户搜索的内容。使用面膜的用户会经常关注诸如"面膜哪个牌子好""面膜多久做一次""面膜的正确使用方法"等问题，如图 3-3 所示。因此，作为面膜品牌，可选择搜索量大的、符合用户搜索习惯的内容作为关键词，以提高软文被搜索到的概率。

图 3-3　在百度搜索框输入"面膜"后出现的内容

（3）企业的竞争对手

在设置关键词之前，企业可以参考竞争对手发布的软文中使用频率及搜索热度较高的关键词，也可以酌情选用竞争对手的品牌名称或业务类型等关键词，以求更有竞争力地展现在用户面前。如一篇标题为《京东、当当和掌阅之后，QQ 阅读也出了类似 Kindle 的电子书阅读器》的有关 QQ 电子阅读器的推广软文，将其竞争对手的名称也作为关键词植入到标题中。

2. 如何在软文中植入关键词

（1）在软文中植入关键词的三个原则

① 高热度，低竞争度。热度是指用户在网络搜索一个关键词的次数和

频率，而被搜索次数多的关键词可称为高热度关键词。竞争度是指用户搜索关键词得出的相关结果数量的多少，搜索结果多则其竞争度高，搜索结果少则其竞争度低。因此，设置高热度、低竞争度的关键词有利于提升软文的排名和曝光率。

②　软文中关键词出现的频率及密度应适宜。关键词出现的频率及密度太小会影响搜索效果，太多或太密则会影响用户的阅读体验。如果软文的字数不是太长，同一关键词一般出现不超过 5 次。文章的开头及结尾各植入 1 次，正文部分自然地植入 2～3 次。如想更多地出现关键词，可尝试用辅助关键词和长尾关键词去拓展。但关键词的字数不要超过总字数的 10%，否则会被判定为关键词堆砌。

③　软文标题与内容部分的关键词设置要相互匹配。当软文标题与内容设置的关键词一致时，搜索引擎会抓取内容中与标题相同的关键词作为页面描述，如图 3-4 所示。此外，软文的关键词选择最好还能符合企业长期的营销目标，这样有利于降低软文投放的营销成本，最大限度地发挥软文营销的效果。

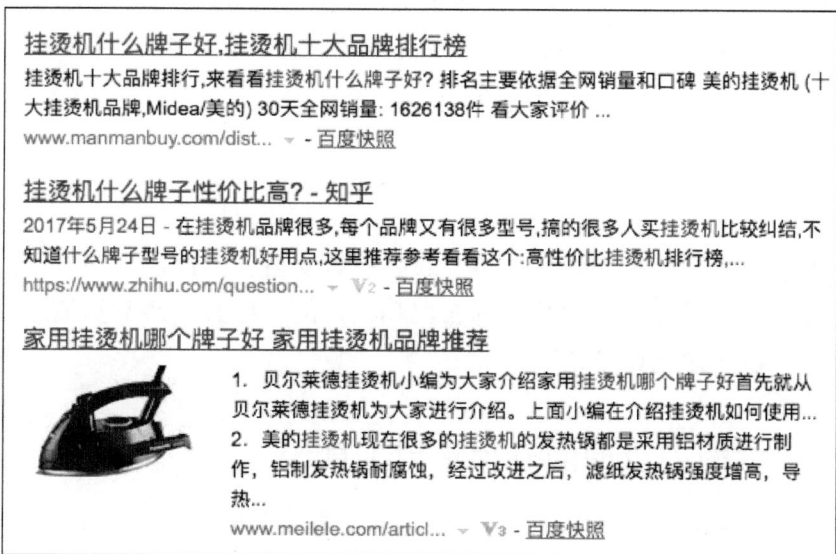

挂烫机什么牌子好,挂烫机十大品牌排行榜
挂烫机十大品牌排行,来看看挂烫机什么牌子好? 排名主要依据全网销量和口碑 美的挂烫机 (十大挂烫机品牌,Midea/美的) 30天全网销量: 1626138件 看大家评价 ...
www.manmanbuy.com/dist... - 百度快照

挂烫机什么牌子性价比高? - 知乎
2017年5月24日 - 在挂烫机品牌很多,每个品牌又有很多型号,搞的很多人买挂烫机比较纠结,不知道什么牌子型号的挂烫机好用点,这里推荐参考看看这个:高性价比挂烫机排行榜,....
https://www.zhihu.com/question... ▽ V2 - 百度快照

家用挂烫机哪个牌子好 家用挂烫机品牌推荐
1. 贝尔莱德挂烫机小编为大家介绍家用挂烫机哪个牌子好首先就从贝尔莱德挂烫机为大家进行介绍。上面小编在介绍挂烫机如何使用...
2. 美的挂烫机现在很多的挂烫机的发热锅都是采用铝材质进行制作,铝制发热锅耐腐蚀,经过改进之后,滤纸发热锅强度增高,导热...
www.meilele.com/articl... ▽ V3 - 百度快照

图 3-4　搜索引擎对标题和内容中的关键词抓取

（2）关键词植入软文的位置

①　软文标题：由于搜索引擎展示搜索结果时往往会优先展示标题上的

关键词，因此，在软文标题中植入关键词，既能让用户更快速地搜索到软文，还不容易影响软文的可读性。软文撰写者应在软文标题中尽可能合理地植入关键词。

② 软文首段：与软文标题相同，软文的第一段内容对于搜索引擎的抓取作用是最大的。软文的第一段内容会被搜索引擎默认为文章的摘要部分，同样会被展示到搜索结果中。因此，软文的第一段要尽可能地展现软文观点，同时合理地布局关键词，以便软文获取更高的排名。

③ 软文内容：正文部分也要在不影响用户整体阅读体验的情况下，自然地将关键词嵌入到软文中，且关键词的设置要与标题的关键词相匹配。此外，如果发布的网站或平台允许，则可对软文中的关键词加粗或者加下划线，这也有利于搜索引擎的收录。

④ 软文配图文件的命名：给软文中的素材图片文件设置一个含有关键词的名称，这有利于用户在图片类搜索中搜索相关的关键词时更容易搜索到该软文的配图，进一步提高软文的曝光率和推广效果。

当然，在软文的写作过程中，应在确保句子逻辑清晰、语义通畅的前提下设置关键词，切忌因刻意设置关键词而导致句子不通。如果软文的篇幅较短，在正文中嵌入过多的关键词可能会影响用户的阅读体验，则可把关键词尽量布局在软文的标题、开头及结尾部分。

实战训练

请在微信搜索框搜索"PPT"查找一篇文章，并讨论"PPT"这个关键词在标题和内容中是如何布局和植入的，搜索引擎又抓取了哪些相关内容作为网页描述？

3.1.4 关键词查询的五种常用工具

软文撰写者在写软文前可通过相关的关键词及热点挖掘工具去了解网民的搜索热点，以判断哪些热点关键词适合植入软文中；也可通过百度指数、微信指数、微指数了解已选取关键词的整体市场趋势。

1. 使用关键词及热点挖掘工具，选择软文关键词

常用的关键词及热点挖掘工具主要有百度搜索风云榜和微博搜索热搜

榜。通过运用关键词及热点挖掘工具，有助于软文撰写者快速地了解当下网民的关注点，以便更准确地完成软文选题及设置高热度的关键词。

（1）百度搜索风云榜

百度搜索风云榜以数亿网民的单日搜索行为作为数据基础，以关键词为统计对象，建立权威、全面的各类关键词排行榜，以榜单的形式呈现基于百度海量搜索数据的排名信息，线上覆盖十余个行业类别，一百多个榜单，直接客观地反映了网民的兴趣和需求，盘点中国最新最热的人、事、物信息，为最具代表性的"网络风向标"，如图3-5所示。企业可根据自身品牌的目标人群及地域分布情况查看了解相关的热点信息和资讯，还可根据搜索到的热点信息进行软文的选题。

图 3-5 百度搜索风云榜

（2）微博搜索热搜榜

除百度搜索风云榜外，新浪微博也推出了基于自身平台的微博搜索热搜榜。微博搜索热搜榜是通过用户搜索行为，第一时间挖掘、捕捉和发现大众关注的热点与兴趣点。微博搜索热搜榜包括实时热搜榜、好友热搜榜、热点热搜榜、潮流热搜榜和名人热搜榜，如图3-6所示。如果企业的软文营销主要针对新浪微博平台进行投放推广，则可更多地借鉴微博搜索热搜榜的数据进行选题和关键词设置。

① 实时热搜榜：提供微博中正在发生的大众热点榜单，榜单每 10 分钟更新一次。

② 好友热搜榜：基于微博社交关系，提供好友共同搜索过的热点榜单。

③ 热点热搜榜：提供微博中 24 小时内发生的热点事件榜单，兼顾热度和丰富性。

④ 潮流热搜榜：涵盖了用户可看、可用、可玩及可关注的新鲜潮流事物的榜单。

⑤ 名人热搜榜：提供微博中 24 小时内被用户搜索最多的热门人物榜单。

图 3-6　微博搜索热搜榜

2. 查询关键词指数，了解整体趋势

当初步确定了核心关键词和辅助关键词后，软文撰写者可以通过相关的指数平台了解关键词的整体市场趋势和热度情况。下面主要讨论百度指数、微信指数和微指数三大数据平台。

（1）百度指数

百度指数是以百度海量网民行为数据为基础的数据分享平台，是当前互联网乃至整个大数据时代最重要的统计分析平台之一，是众多企业制订营销决策的重要依据。在百度指数的搜索框内搜索对应的关键词，即可了解用户关注度和媒体关注度，可研究关键词搜索趋势、洞察网民的兴趣和需求、监测舆情动向及定位受众特征。基于关键词的指数研究，百度指数主要有以下四项功能。

① 趋势研究：在百度指数的"趋势研究"中搜索关键词，可查看其指数的整体趋势，包括 PC 端和移动端的趋势。如输入"二手房"这一关键词，从整体来看，这个词的热度在用户搜索指数中呈波动上升的趋势，在媒体指数中呈现的趋势较为平稳，如图 3-7 所示。

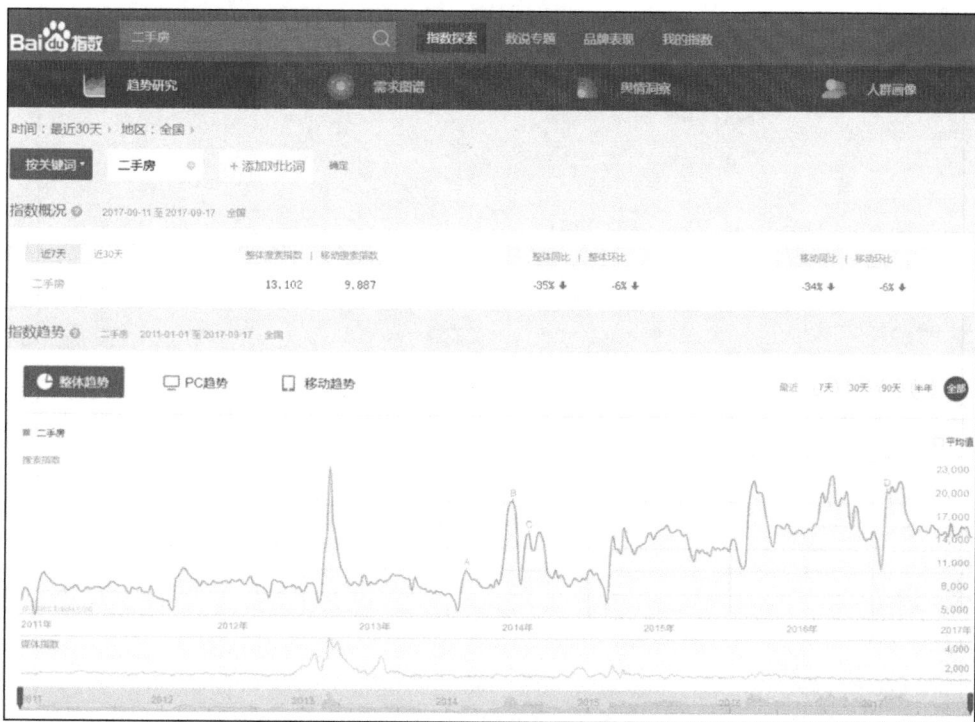

图 3-7　关键词指数趋势查询

② 需求图谱：百度指数的"需求图谱"是基于语义挖掘技术的。通过需求图谱的查询，可以了解隐藏在关键词背后的网民的关注焦点和消费欲望。因此，软文撰写者可以选用与关键词相关热度的词汇作为软文的辅助关键词。以"二手房"这一关键词为例，其辅助关键词可以是"二手房交易"，如图 3-8 所示。

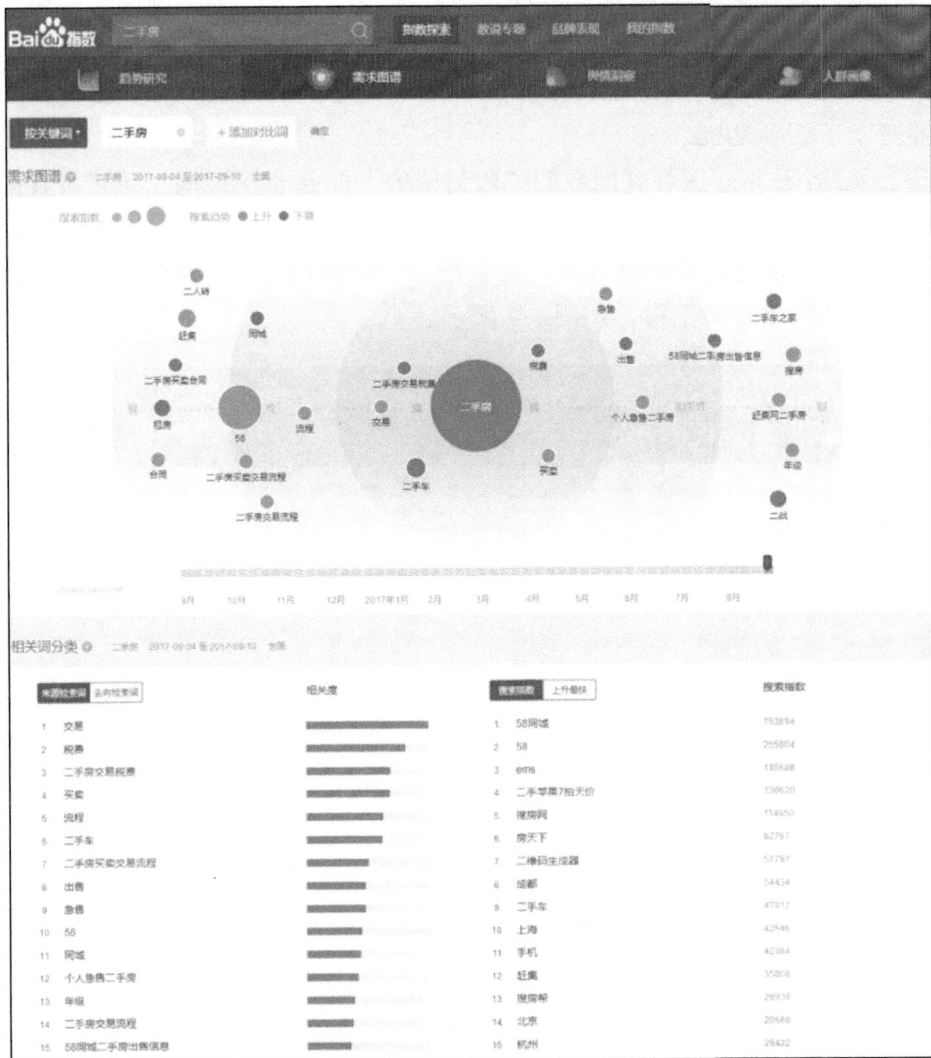

图 3-8　关键词需求图谱查询

③ 舆情洞察：在百度指数的"舆情洞察"中搜索关键词，可一站式搜索到与关键词相关的最热门的新闻、微博、问题及帖子。通过舆情洞察，企业能够在实时监控自身舆情信息的同时，密切监测竞争对手的动态和举措，为企业的软文营销提供数据支持，如图 3-9 所示。

④ 人群画像：在百度指数的"人群画像"中搜索关键词，可较为真实客观地了解到搜索对应关键词的人群的地域、年龄及性别分布特点。以"二

手房"这一关键词为例，搜索此关键词的人群以广东和北京地区的居多，年龄范围以 30～39 岁为主，性别比例男女各占 50%，如图 3-10 所示。

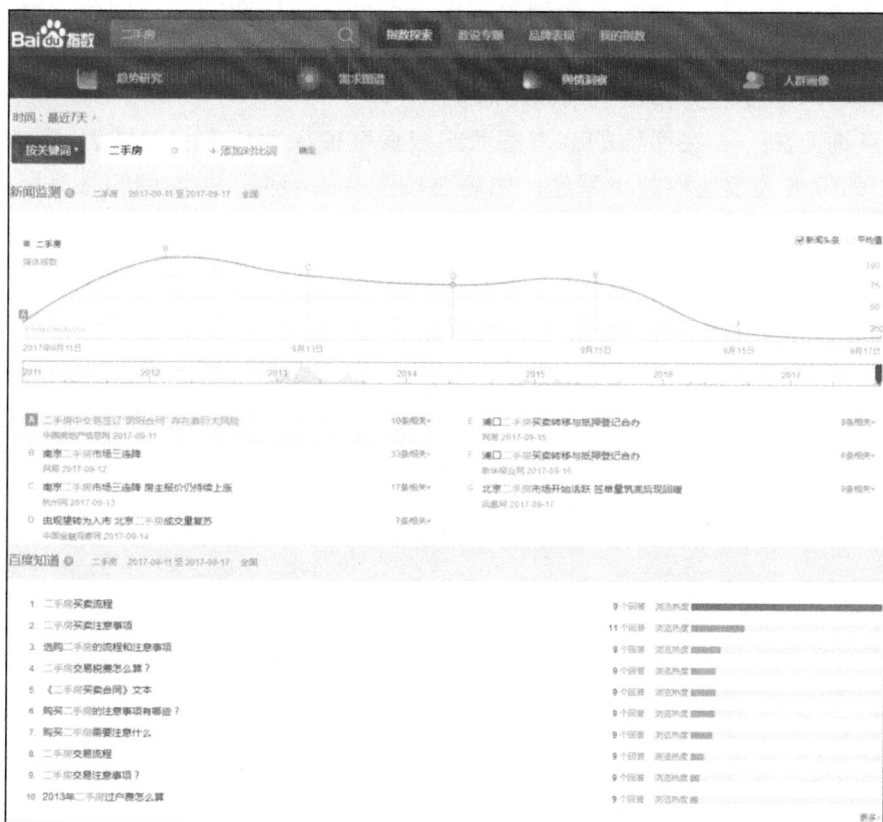

图 3-9　关键词舆情洞察查询

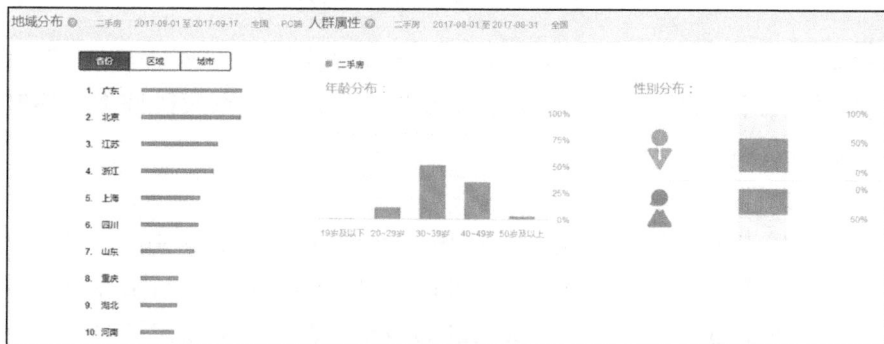

图 3-10　关键词人群画像查询

（2）微信指数

微信指数是微信官方提供的基于微信上搜索和浏览行为的大数据分析的移动端指数。企业通过微信指数查询关键词，可以看到关键词在当日、7日、30日和90日的动态指数变化情况，即可以实时地了解某一关键词在一段时间内的热度趋势和最新指数动态。

查询方法一：在微信的客户端顶部搜索框输入对应的"关键词+微信指数"，即可进入微信指数小程序。如需要搜索"二手房"关键词的微信指数，则在搜索框中输入"二手房微信指数"，然后会出现"二手房微信指数"小程序，点击进入即可查看指数，如图3-11所示。

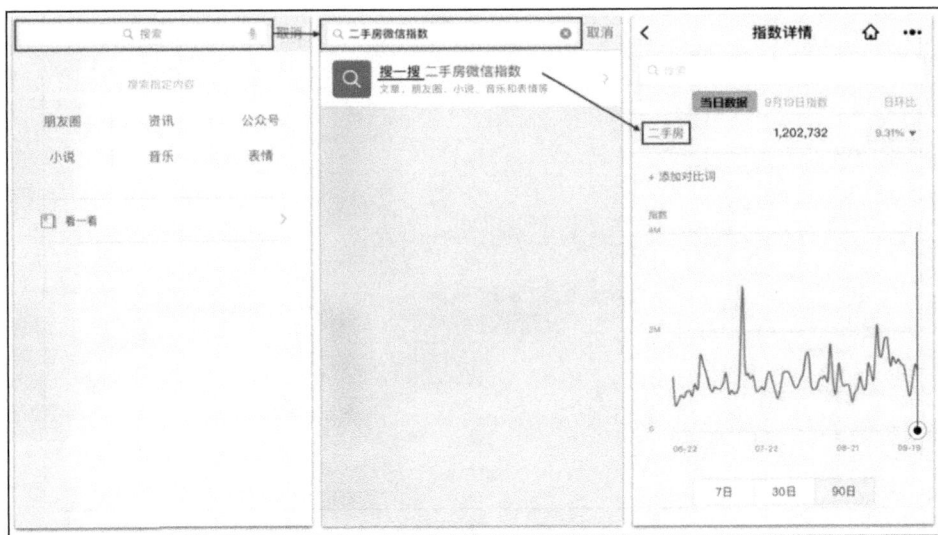

图3-11　微信指数关键词查询方法一

查询方法二：在微信客户端点击"发现"按钮进入"小程序"，然后在小程序内搜索对应的关键词。此外，在小程序中还可挑选对比词进行热度对比，如图3-12所示。

（3）微指数

微指数是主要基于新浪微博海量用户的搜索和浏览行为的数据分析工具。企业可以通过微指数查询某一关键词从2013年3月1日至今的任意一段时间内的热度趋势和不同地域及人群的搜索情况。微指数主要有以下四项功能。

图 3-12　微信指数关键词查询方法二

① 热词趋势：在微指数的"热词趋势"中搜索关键词，可以查询 1 个月、3 个月、6 个月以来该关键词在微博上的热议趋势，包括整体、PC 端和移动端的趋势。此外，还可以输入多个关键词进行关键词之间的热议指数对比。单击图 3-13 右侧的"←热议微博"即可查询当天热议该关键词的相关精彩微博。

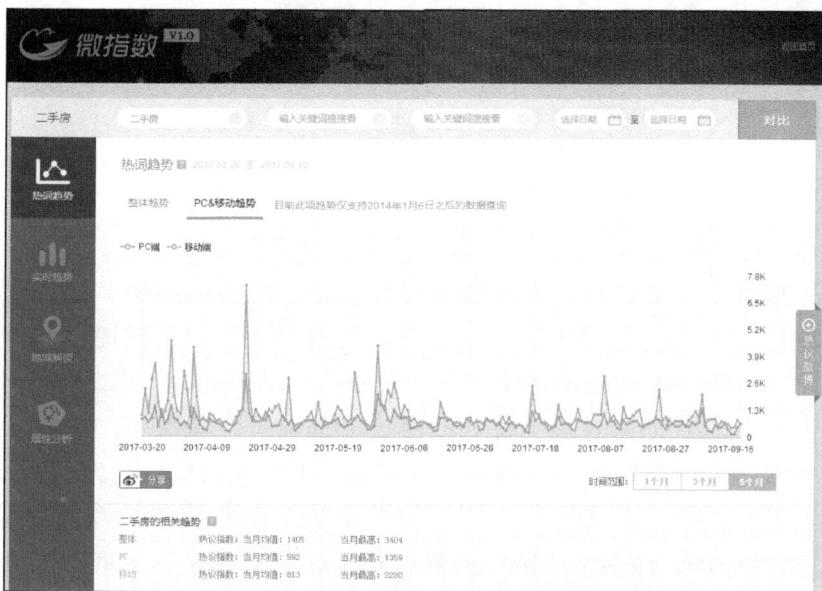

图 3-13　微指数中关键词的"热词趋势"查询

② 实时趋势：在微指数的"实时趋势"中搜索关键词，可以查询最近 1 小时和最近 24 小时中该关键词的提及频率变化趋势，即关键词的热议度，如图 3-14 所示。以"二手房"这一关键词为例，近 1 小时和近 24 小时中出现最高的热议指数的时间点分别是在 21:25 和 10:00，对应的热议度分别为 60 和 101。

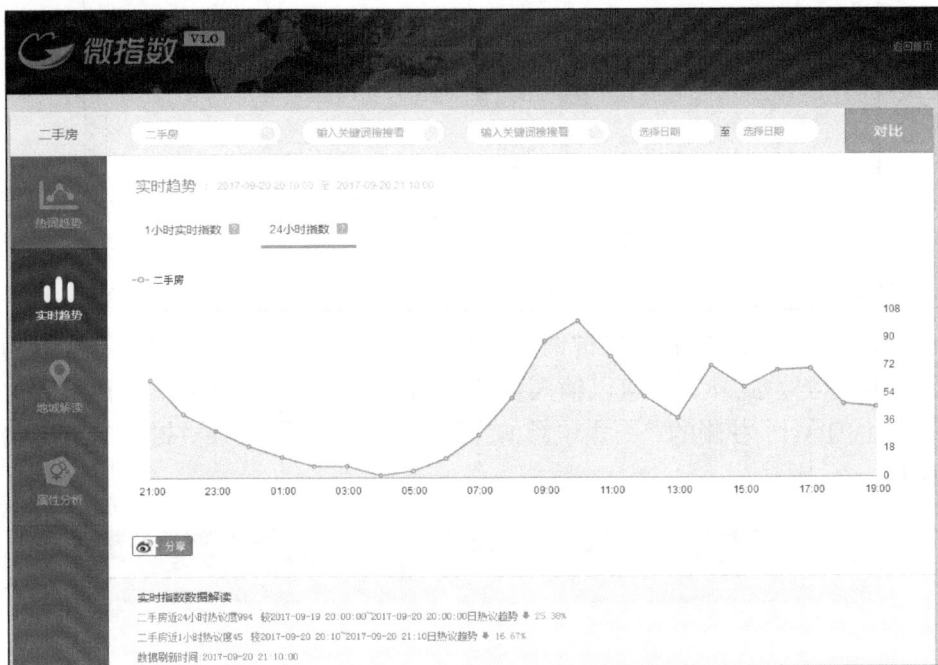

图 3-14　微指数中关键词的"实时趋势"查询

③ 地域解读：在微指数的"地域解读"中搜索关键词，不仅可以了解不同地域提及该关键词数量占全国提及该关键词数量的比例，即关键词的地区热议度，还可以了解不同地域提及该关键词人数占全国提及该关键词人数的比例，即关键词的用户热议度，如图 3-15 所示。以"二手房"这一关键词为例，北京地区对该关键词的热议度居首位，其次是广东地区；而对应的地域热议度分别为 13.48%和 9.22%，用户热议度分别为 13.83%和 9.31%。

④ 属性分析：微指数中的"属性分析"是指对提及关键词的人群属性进行深度拆分，呈现性别比例、年龄分布、标签比例等数据。以搜索"二手

房"这一关键词为例，通过其属性分析可发现，搜索该关键词的以男性居多，年龄段以 25～34 岁为主，如图 3-16 所示。

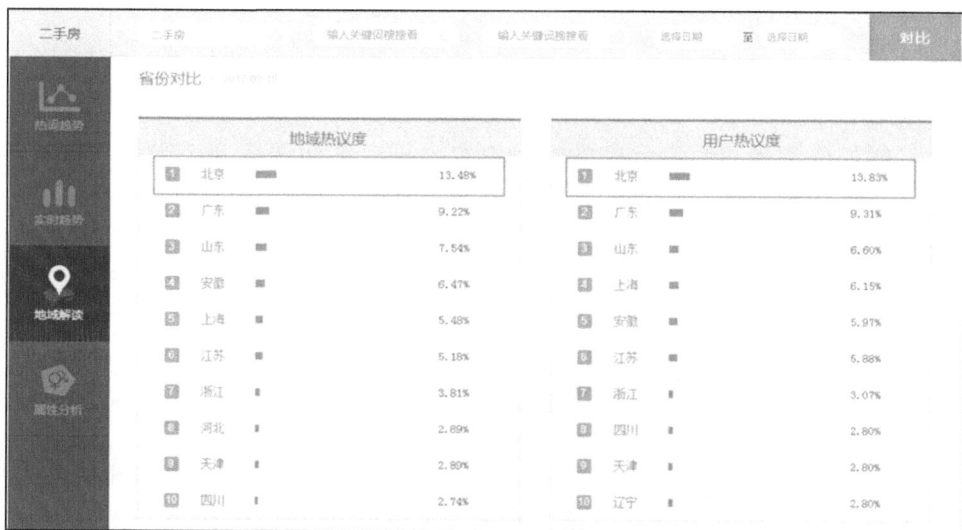

图 3-15　微指数中关键词的"地域解读"查询

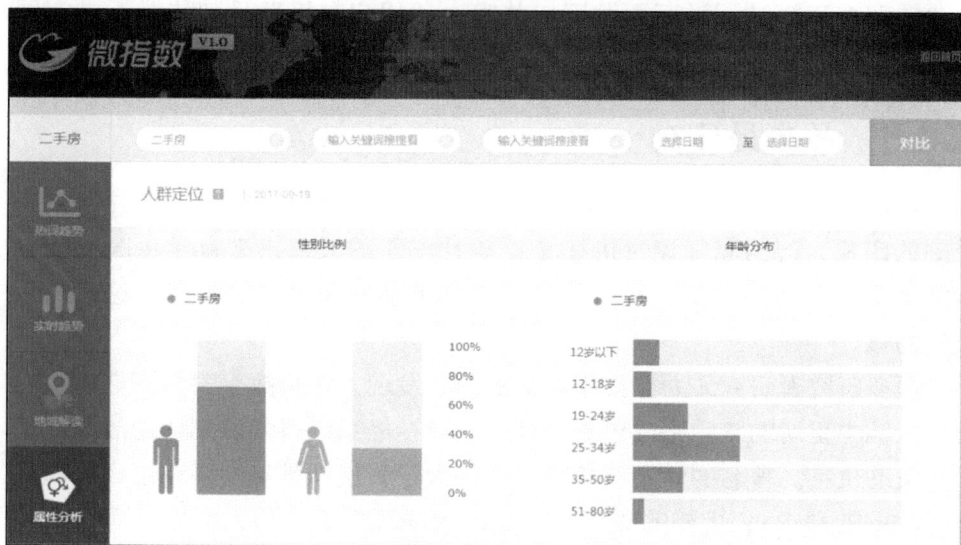

图 3-16　微指数中关键词的"属性分析"查询

　　关键词的查询和统计平台有很多，建议读者根据软文的投放平台进行选择。一般而言，如软文重点投放到各大网站，则建议以百度风云榜、百度指

数的数据为参考依据；如软文重点在微信或微博平台投放，则以投放平台的
数据作为主要参考依据。

假如你负责某服装品牌的营销推广，现在需要选择两个明星的其
中一人作为代言人，你会如何判断谁更有热度？会选用什么平台进行
查询？

// 3.2 故事软文促人行动

单纯地讲事实摆数据难以让人心悦诚服，而一个简单的故事却往往能
深入人心，促人行动。因此，企业需善用故事的力量，创造属于自己的品
牌或产品故事，为品牌或产品注入情感因素，并通过故事软文向用户传达
企业的理念和精神，进而引发用户共鸣，让用户在接受品牌传播诉求的同
时起来行动。

3.2.1 故事是什么

当小学老师教育学生有错就要及时改正时，大部分学生听完并不会有
深刻的印象，但当老师通过讲述《亡羊补牢》的故事来教育学生时，就会
给学生留下深刻的印象，使学生直至成年仍能记起老师的教导。这就是故
事的力量。

很多研究者研究人为什么喜欢听故事，发现人在听故事时与回忆愉快经
历时大脑中呈现的脑回路反应是一样的。而神经系统科学家则认为故事有助
于人类的生存。著名的认知科学家、哈佛大学教授斯蒂芬·平克这么解释人
类对故事的需求："虚构的故事给人类的大脑提供了一份人类未来可能面临
的致命难题的目录，并附有人类可以对它们采取的种种策略。"

那么，故事是什么？《故事：惊人力量背后的科学》一书给故事下了一
个简洁而实用的定义："故事是关于主人公战胜困难、实现伟大目标的描述。"
每个故事都拥有完整的结构，而构建一个完整的故事结构需包括主人公、情

节、冲突、结局等要素。其中，主人公指的是人物、品牌或产品；情节指的是故事发展变化的全过程，它是在一条基本线索的统领下由一组或若干组发生在主人公身上的具体事件组成的；冲突是指主人公在达成目标前所遇到的各种问题或障碍，它是情节形成的基础，也是推动故事发展的动力；结局是指情节的结尾、故事的结局。

例如，动画片《哆啦 A 梦》讲述了一个名叫"哆啦 A 梦"的猫形机器人受其主人所托，从 22 世纪回到 20 世纪帮助一个名叫大雄的小学生化解他身边的种种难题，最后大雄在哆啦 A 梦的帮助下获得成长的故事。其中，故事的主人公是哆啦 A 梦和大雄；故事的情节是哆啦 A 梦和大雄共同经历的事件和解决的困难；故事的冲突是哆啦 A 梦想尽办法帮助大雄，但生性胆小懦弱、意志力薄弱的大雄经常做事半途而废，没能自己办成一件事；结局是哆啦 A 梦最终完成主人交代的使命，让大雄得到真正的成长。

实战训练

你认为以下哪个是故事？哪个不是？

（1）一个品牌创始人的经历。

（2）一位同学所写的流水账日记。

3.2.2　软文营销为什么要讲故事

故事是人类最古老的知识接受方式，也是人类日常交流和学习的重要方式，听因为这种方式能够更高效地存储、提取和传递信息，也能够更有效地慰藉和说服他人。企业采用故事的形式撰写软文，有利于增加所推广产品或品牌的文化内涵，并赋予产品或品牌功能性和情感性需求，进而打动用户，促使用户主动购买。

1. 吸引用户阅读下去

人们对故事有着天然的喜好，所以比起枯燥无味的推销介绍，人们更愿意阅读有感染力的故事。一篇优秀的故事软文，其生动有趣的内容、曲折离奇的情节、紧锣密鼓的节奏，都能勾起用户的兴趣，让用户情不自禁地阅读下去，在不知不觉中落入软文作者所布的局中，一步步地跟着作者的引导和暗示而行动。

2. 让用户产生认同和共鸣

用户在阅读故事时，对与自己有着共同的理念和信仰、情感和行为的主人公容易产生代入感。如果故事能从用户熟悉的生活化场景出发，即从产品的使用情景出发去构想故事背景，通过故事向用户展示和传达他们所认同甚至热衷的价值观和信仰，就能更容易让用户产生情感认同和共鸣。

在内容为王的时代，用户更愿意为情感、情怀和认同感买单。正如亚里士多德所说："我们无法通过智力去影响别人，情感却能做到这一点。"因此，故事软文营销的核心在于给推广产品塑造一个独特且能够打动用户的价值主张，让用户更加坚定地喜欢上推广的产品，最终促成购买转化。这就要求软文撰写者对用户的心理需求进行全面准确的分析，量身定制出符合目标用户需求的故事。

3. 让产品产生溢价效应

故事赋予产品更丰富的内涵和附加价值，让产品在目标用户的心里占据独特的位置，让产品拥有能够打动用户内心的联想与认知，产品自然也就拥有更高的溢价能力。特别是通过故事塑造的身份象征型产品和情感满足型产品，往往能比同类竞争产品卖出更高的价格。

例如，国外有个名叫"意义深远"的物件网就做过这样的实验：从旧货市场购买一个物品，再邀请一位小说家给该物品写个故事，并把它放在 eBay 上拍卖，结果发现物品成交的价格远远高于其原有的价格。购买该物品花费的成本是 128.74 美元，最后的销售收入是 3612.51 美元，物品的价格提升了 2700%。再如，一个 25 美分的玩具香蕉经过故事的渲染后，在 eBay 上也可拍卖到 76 美元。因此，用故事包装产品，为产品树立正面的、能打动用户的联想效应，是提高产品溢价能力的关键。

3.2.3 故事软文的三种类型

故事软文是指通过讲述一个完整的故事带出产品，赋予产品光环效应及情感色彩，从而促进产品的销售。讲故事并不是软文的目的，故事背后的产品线索才是软文写作的关键。因此，企业撰写故事软文一般会根据自身的情况，选择不同的角度去描述和展现品牌或产品的特点，主要包括从品牌创始人角度、企业员工角度、产品角度和客户角度。对应的故事软文则可分为品牌故事、产品故事和客户故事。

1. 品牌故事

品牌故事是指品牌在创立和发展过程中能够体现品牌核心精神、展示品牌风貌的有价值的重大事件。品牌故事是品牌与用户之间情感的桥梁，通过增加品牌的历史厚重感和权威性，增加品牌的吸引力，以及通过赋予品牌精神内涵和价值信仰，建立品牌认同，激发用户潜在的购买欲望，从而促进转化。常见的品牌故事主要分为品牌创始人的传奇创业经历、品牌创建及发展史、员工爱岗敬业的故事及产品品类创新的故事等。

一个品牌从无到有，创业的过程往往是成就品牌的关键，而创始人的个性与创业时期的重大事件，也成为决定品牌基因与内涵的重要因素。讲述品牌的创业故事是奢侈品牌进入新市场或推出新品最常用的推广手法。比如，香奈儿的品牌故事就是以创始人香奈儿女士传奇的经历为主线展开的，通过对创始人鲜明个性的刻画以及人物个人的时尚准则和态度、品牌创建史的描述，让用户对创始人及其创建的品牌有更全面的认知，潜移默化地让用户对品牌产生好感和认同感。

实战训练

　　如果写一则品牌创始人的故事，你认为以下哪种方式比较正确？

　　（1）根据产品品牌的特色虚构一个故事。

　　（2）对品牌创始人的真实故事加以润色。

　　（3）将品牌历年的大事进行整合。

品牌故事除了可以从创始人的角度切入之外，还可以从企业员工的角度着手。如通过展现员工一丝不苟、精益求精的工作态度，从侧面反映企业品牌的文化及精神内涵。此类员工爱岗敬业的故事软文适用于服务行业的宣传推广。如链家地产的广告，针对房地产行业中经常出现虚假房源的痛点，以链家地产三个真实的员工故事为原型，拍摄了一组 TVC 广告片（即商业电视广告片），通过记录员工在普查记录房子数量、拍摄房子照片及测量户型、核对房源信息这三个不同工作岗位的表现，来凸显链家地产在为用户提供真实房源的宗旨上的较真与坚持。

拓展阅读

　　用百度搜索链家地产的该组视频广告，分别是《链家真房源　记录房子的人》《链家真房源　拍摄房子的人》及《链家真房源　核查房子的人》，了解员工故事的具体表现方式。

　　京东在"双 11"活动期间推出了一系列"JD Red Story"广告海报。海报采用纪实的方式，通过一个个京东配送员用淳朴的语言讲述自己的配送故事，并配上他们日常工作场景的图片，还原故事的真实情景，极具感染力。比起花哨的促销广告，这一个个与用户联系最为密切的一线配送员关于责任和坚守的故事，更容易打动用户，如图 3-17 所示。

图 3-17 "JD Red Story"系列广告海报

拓展
阅读

搜索"京东红的故事",查看该系列的员工故事。

2. 产品故事

产品故事是指能够传递产品特色和卖点的故事。通过讲述一个有温度、有情怀的故事,并将产品的信息及特点融入其中,让用户被产品的故事吸引,从而产生想要进一步了解产品的欲望。产品故事讲述的切入点通常有:产品的原材料及产地、产品的工艺流程、产品的包装、产品的功能等信息及特点。为了让故事更生动有趣,赋予产品生命力,还可通过拟人化的方式来描写产品,以更贴近用户。例如,长城葡萄酒的文案《三毫米的旅程,一颗好葡萄要走十年》,用拟人化的手法讲述了一颗颗葡萄的旅程故事,并在故事中穿插讲解了产品精选的原料、葡萄的生长环境及采摘时机、德高望重的酿酒师以及酿酒时间等产品的卖点信息,如图 3-18 所示。

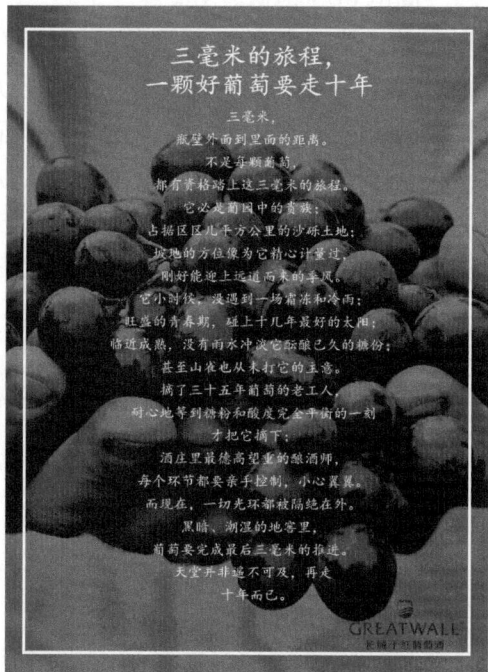

图 3-18　长城葡萄酒的文案《三毫米的旅程,一颗好葡萄要走十年》

实战
训练

假如你负责撰写一种木梳的产品软文，你会选择从哪个角度切入？

（1）木材的选用，体现木材的选料及工艺特点。

（2）木梳与人的情感连接，强调送情人梳子有"白头偕老"的寓意。

（3）突出木梳的独特包装，适合当作礼品赠送。

3. 客户故事

客户故事指描述客户使用产品之前的之后的变化，或者在讲述客户的故事中将产品作为情节或线索串联整个故事。客户故事的作用就是让大部分同类客户在故事中找到自己，产生代入感和认同感。这正如《玩具总动员》的编剧安德鲁·斯坦顿所说："我们与生俱来喜欢听故事，故事可以证明我们是谁。我们都想证明自己的生活是有意义的，没有什么比故事更能做到这一点。它能够跨越时间的障碍，无论是过去、现在还是未来；它允许我们体验我们和其他人、真实与幻想之间的各种相似之处。"

例如，支付宝十周年的广告《账单日记》，便通过客户故事来引起用户共鸣和提升品牌的好感度。它主要通过一个女性用户的视角，讲述自己毕业十年的人生经历和成长变化，并将支付宝账单与她毕业、工作、相亲、恋爱、怀孕等关键的人生阶段联系起来，用支付宝来记录其生活点滴与变化，让用户产生代入感，进而引起情感共鸣，同时也从侧面展现了支付宝陪伴用户十年来的变化，让用户倍感亲切和温暖。以下为广告《账单日记》具体的文案内容。

引言：

"生命只是一连串孤立的片刻，靠着回忆和幻想，许多意义浮现了，然后消失，消失之后又再浮现。"——普鲁斯特《追忆似水年华》

正文：

2004 年，毕业了，新开始。

支付宝最大支出是职业装，现在看起来真的很装。

2006 年，3 次相亲失败，3 次支付宝退款成功。

慢慢明白，恋爱跟酒量一样，都需要练习。

2009 年，12%的支出是电影票，都是两张连号。

全年水电费有人代付。

2012年，看到26笔手机支付账单，就知道忘带了26次钱包，点了26次深夜加班餐。

2013年，数学23分的我，终于学会理财了。谢谢啊，余额宝。

2014年4月29日，收到一笔情感转账，是他上交的第一个月生活费。

每一份账单，都是你的日记。

十年，3亿人的账单算得清；美好的改变，算不清。

支付宝十年，知托付。

拓展阅读

通过百度搜索支付宝《账单日记》，查看广告视频。

实战训练

假如你负责微信App的推广，如果要采用客户故事的方式写篇软文，你会如何写？请写出来。

3.2.4 设计商业故事软文的五个步骤

好电影总是能够让观众沉溺其中并引发情感共鸣，好故事也应该能起到同样的效果。迪士尼公司的剧本指导克里斯托弗·沃格勒指出，不论是惊悚的悬疑片，还是滑稽的喜剧，抑或是荡气回肠的西部片或歌舞升平的音乐剧，数以万计的好莱坞电影其实重复着同一个核心故事，即"英雄的历程"。而这个"英雄的历程"故事模型的情节发展一般分为四个阶段：开端——描述主人公的日常生活；发展——遇到突如其来的灾难或意外，打破了主人公日常生活的平衡；高潮——主人公从沮丧困惑到重塑目标，克服内心的恐惧和重重困难，最终冲破障碍；结局——主人公实现目标、达成愿望并获得成长。

麦肯锡则把故事叙述的流程简化为一个基本的框架：S→C→Q→O→R，如同"英雄的历程"，商业故事软文就是解决问题的过程。

79

1. S：Situation（设定状况）

故事叙述流程的第一阶段就是 S（设定状况）。这一阶段主要介绍故事主角以及主角目前处于稳定的状况。其中，故事的主角可以是人，也可以是品牌或产品，甚至是行业。而稳定的状况则指的是主角到目前为止持续发生的稳定状态。这种状态不论好坏，既可以是持续良好的状态，或是持续糟糕的状态，又可以是持续平静的状态，甚至是持续不稳定的状态。例如，一则关于某品牌电动牙刷的故事软文，该电动牙刷是故事中的主角，而稳定的状况则可以是这款电动牙刷某个稳定的性能，也可以是其在市场上稳定的销量情况等。

2. C：Complication（发现问题）

在完成 S（设定状况）阶段的任务后，紧接着是 C（发现问题）阶段。这个阶段主要是用来颠覆 S 阶段的稳定状况，即打破原有的稳定状态，确认主角面临的问题。商业故事软文多半是以解决某个问题为主线而展开的。而具体的问题类型一般分为以下三种。

（1）恢复型：问题已经存在，需要处理解决，让事物恢复原状。例如，部分人会为头屑过多而烦恼，这个烦恼一直存在且没有得到解决。为了解决头屑过多的问题，让头皮恢复健康状态，去屑洗发水便应运而生。

（2）预防型：问题还没发生，但要防患于未然。如王老吉，正如其广告语所说"怕上火，喝王老吉"，是一款提供给尚未上火的人预防上火的凉茶。

（3）理想型：目前没有问题，但想要做到更好。如香水，它并不是为了解决某种特定问题，而是为了让人变得更有魅力和自信。

选择何种类型的问题进行描述，取决于目标受众对该问题的认知。只有符合目标受众认知的问题，才能让受众产生认可和共鸣，进而促使受众跟着内容的暗示采取行动。

3. Q：Question（设定课题）

在 C（发现问题）阶段之后是 Q（设定课题）阶段。这个阶段的课题设定主要是针对 C 阶段发现的问题，分析问题背后的原因并找到需解决的问题，即应解决的课题目标。

（1）恢复型课题的设定：以恢复原有状态为课题目标，如去屑洗发水的课题目标是让头皮没有头屑，恢复健康。

（2）预防型课题的设定：以预防问题出现为课题目标，如王老吉的课题目标是预防上火。

（3）理想型课题的设定：以实现理想状态为课题目标，如香水的课题目标是让人变得更有魅力和自信。

4. O：Obstacle（克服障碍）

Q（设定课题）阶段的下一阶段是 O（克服障碍）阶段。这一阶段主要是要解答 Q（设定课题）阶段所设定的问题，找回 C（发现问题）阶段打破的稳定，即提供解决方法或实施策略。O 阶段是整个故事的核心部分，其内容的展开取决于 Q 阶段的课题设定类型。不同的课题设定类型有不同的内容展开方式。

（1）恢复型：对问题的现状进行说明，分析问题出现的原因，进而找到一种以上解决问题的根本措施，并对这些措施的利弊得失进行评估。以去屑洗发水为例，这一阶段的内容就是描述头屑过多的现状，分析导致头屑过多的原因都有哪些，针对这些原因可以采取何种措施解决头屑过多的问题以及评估这些措施的利弊。

此外，当面对的问题是突发的灾难性紧急事件时，O 阶段的内容可侧重于讨论如何做出应急处理及立刻制止损害蔓延的措施，而对问题发生的诱因可暂不考虑。

（2）预防型：对问题可能导致的不良状况进行假设，对导致这些状况的诱因进行分析，进而提出相应的预防对策。其中，提出的预防对策不宜过多，以两三个核心对策为佳。以王老吉为例，这一阶段的内容就是设想如果上火会导致身体出现什么不适以及分析上火的原因，并提出预防上火的对策。

（3）理想型：对主角的能力进行分析盘点，并提供一个理想的以及能够达成理想的实施策略。以香水为例，这一阶段的内容应该是这样的："主人公姣好的面容、优雅的谈吐和出色的工作表现，都让她成为一个备受同事喜爱的职场人（能力分析）。但在公司年会和商务派对中，要想从众多美女中脱颖而出，成为全场瞩目的焦点（理想设定），她还得喷点这香水。只需滴几滴这款香水，不需再添加任何配饰，就能让主人公的魅力得到充分的释放，整晚都能保持最佳状态（实施策略）。"

5. R：Resolution（解决收尾）

最后一个阶段是 R（解决收尾）阶段。这一阶段主要是用最精简的语言说明针对问题最终选择的解决方案及结果，即提供简洁有力的结论。在内容布局上，"SCQ"（设定状况→发现问题→设定课题）为一个故事的导入部分；"O"（克服障碍）为故事的核心部分，通常占据整个软文的大量篇幅；"R"（解决收尾）为故事的结尾部分，篇幅相对较为简短。

6. 品牌故事软文常见的布局套路

软文通过运用品牌故事布局的套路及方法，从最初的吸引读者注意、产生代入感，到产生认同及信任，再到最后完成购买转化，逐步实现软文营销的目标。具体的布局套路如图 3-19 所示。

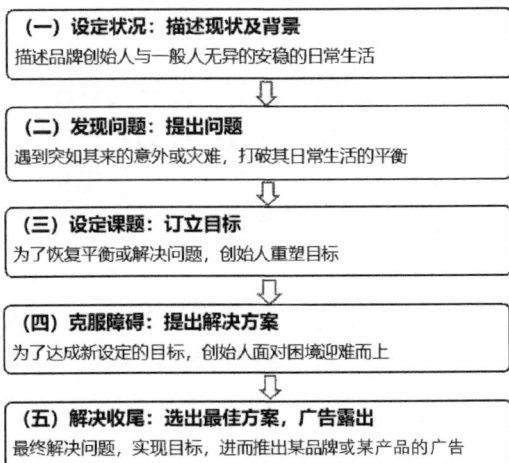

（一）设定状况：描述现状及背景
描述品牌创始人与一般人无异的安稳的日常生活

⬇

（二）发现问题：提出问题
遇到突如其来的意外或灾难，打破其日常生活的平衡

⬇

（三）设定课题：订立目标
为了恢复平衡或解决问题，创始人重塑目标

⬇

（四）克服障碍：提出解决方案
为了达成新设定的目标，创始人面对困境迎难而上

⬇

（五）解决收尾：选出最佳方案，广告露出
最终解决问题，实现目标，进而推出某品牌或某产品的广告

图 3-19　常见的品牌故事软文布局

以"最生活"品牌毛巾为案例，详解品牌故事软文布局的套路，如图 3-20 所示。

图 3-20　小米"最生活"毛巾品牌故事软文

（1）设定状况：描述品牌创始人升级当父亲后的日常生活。

（2）发现问题：毛巾在日常家庭生活中使用频繁，但为了降低成本，国内一些毛巾厂商会选择次等的原材料，导致毛巾的吸水性下降且对皮肤造成极大伤害。

（3）设定课题：生产一款用优质棉花制造而成的对人体无害且舒适度极高的毛巾。

（4）克服障碍：多次去阿瓦提考察和洽谈合作，定点种植 3000 亩长绒棉；虽然手采棉的成本会提高，但仍坚持采用人工采棉的方法；做浅色系毛巾，降低染色对纤维结构的损害，加强吸水性。

（5）解决收尾：做出一款吸水性强、零掉毛及符合 A 类婴幼儿安全标准的毛巾。该品牌的毛巾内测销售 1 小时内售罄，还被选为 G20 峰会指定的毛巾品牌。

此外，如果描述的状况和问题是读者所熟知的内容或经历，则故事的导入部分（即设定状况→发现问题→设定课题）的篇幅相对较短；如果内容或经历是读者所陌生的，则其导入部分应尽可能详细。在对故事展开叙述前，即在故事的导入部分之前，还可对软文故事的主题或故事发生的背景做一个简要的介绍，以便让读者更快更容易地理解接下来的内容。

拓展阅读

用微信搜索《小米"最生活"毛巾，连 G20 峰会都指定用它！》

实战训练

用百度搜索软文《为了干掉全球垃圾，他发明能吃的勺子，没想到却被 1500 万吃货疯抢到脱销》，找到软文中"设定状况→发现问题→设定课题→克服障碍→解决收尾"的部分。

3.2.5　商业故事软文案例解析

当软文撰写者确定了故事类型、故事框架后，就可以根据实际需要进行软文的写作了。以下选取软文写作中常见的品牌故事进行案例解析。

请用微信扫描图 3-21 所示的二维码，并阅读关于巴塔哥尼亚品牌故事的软文。

图 3-21　巴塔哥尼亚品牌故事软文

课堂讨论

你觉得这个品牌故事是巴塔哥尼亚官方发布的软文还是品牌的忠诚粉丝自发写的软文？

【分析】

从以上案例可知，本故事通过在品牌创始人的经历中融入品牌的环保理念，让用户在阅读过程中感受到该品牌与众不同的精神内涵，对品牌产生好感和信任感，从而促使用户更容易接受品牌的高价产品。下面按照标题、故事类型、故事元素、故事 SCQOR 框架对软文进行拆解分析。

（1）标题

标题《巴塔哥尼亚创始人本可以赚很多钱，为了你却放弃了……》运用了设置悬疑的方法，引发用户的好奇心，促使用户迫切想要点击原文阅读浏览。而在标题上设置"巴塔哥尼亚"品牌名作为核心关键词，能够确保用户搜索该关键词时，软文更容易被搜索到。

（2）故事类型

该故事类型属于品牌故事。故事以品牌创始人的经历及其信仰作为切入点进行品牌推广。此外，虽然软文的内容部分也植入了其品牌旗下的产品，但其产品植入的方式仅为辅助品牌理念和价值的表达。

（3）故事元素

① 主人公：巴塔哥尼亚创始人。

② 情节：主人公户外运动及其户外品牌创建、转型和发展等经历。

③ 冲突：主要围绕长远的环保事业与眼前的金钱利益两大矛盾点设置故事情节中的冲突。故事情节的冲突：手工制作可重复利用的岩钉获利少，而公司销量巨大的核心业务（岩钉）对岩壁的损害较大；采用动物自然死去后再取毛的方法、使用有机棉花以及汽水瓶提炼出来的聚酯纤维等环保的方法制作衣服，导致产品成本与售价大幅提高。

④ 结局：创始人打造的品牌在 2013 年销售额超过 5 亿美元，并捐献了500 多万美元给致力于环境保护的公益组织；鼓励企业把 1%的销售额作为地球税，用于对地球的保护。

（4）故事的 SCQOR 框架

按照 SCQOR（设定状况→发现问题→设定课题→克服障碍→解决收尾）框架，分析故事叙述流程的五个步骤。

① 设定状况：介绍品牌创始人是个狂热的户外爱好者，热衷于攀岩运动；他通过制作可重复利用的岩钉获取收益，并创办了自己的户外运动公司。由于读者对此经历并不熟悉，所以软文用了较多的篇幅进行描述。

② 发现问题：随着攀岩运动的兴起，岩钉的敲打让岩壁的裂缝越来越多，对岩壁的损害越来越大。创始人决定逐渐取消岩钉业务。创始人对企业的发展可能对环境造成的破坏感到忧心。

③ 设定课题：通过销售环保的户外服装，让公司在挣钱盈利的同时，把对自然的破坏降到最低。

④ 克服障碍：本篇软文的问题类型属于"理想型"问题，因此对应的文中克服障碍部分的内容主要是为实现理想采取的具体策略。克服障碍的过程即实施策略的过程。通过实施策略的具体描述，既传达了品牌的环保理念和精神内涵，也进一步诠释了该品牌产品售价高的原因。

策略一：选用自然死亡的鹅或鸭的羽毛来做羽绒服。但由于自然死亡的鹅或鸭的数量少，所以该品牌羽绒服的售价相对于别的同类品牌昂贵许多。

策略二：选用有机棉花制作衣服。但有机棉花的种植量少，于是创始人亲自去找种植棉花的农场主洽谈，说服他们用有机的方式种植棉花。这种从生产的源头把控品质的方法，大大增加了人力等名项成本。

策略三：用从汽水瓶提炼出来的聚酯纤维来制作抓绒衣，从源头上把控整个产品生产链，确保环保工作落实到位。这一决策却导致产品的生产成本与售价大幅提高。

⑤ 解决收尾：创始人最终实现了既能挣钱盈利又能保护环境的目标。他鼓励企业把 1% 的销售额作为地球税，用于对地球的保护，还以身作则捐献了 500 多万美元给致力于环境保护的公益组织，用行动向全球的企业证明了"信仰的力量"，进一步升华了品牌的精神内涵，从而引出产品介绍。

拓展阅读

（1）员工故事软文：用百度搜索《Patagonia 中国总裁自述：我是 Patagonia 信徒》。

（2）以宣传活动为主的软文：《不为销量 Patagonia 黑色星期五提倡修补穿旧衣》。

实战训练

如果你负责一款儿童手表的产品软文，你会如何写？请按照 SCQOR 框架列出你的大纲。

// 3.3　五大传播设计诱人转发

一篇优质的软文，除了完成让用户点击阅读的任务之外，还要刺激他们主动进行分享传播。这就要求软文自带传播或话题讨论的属性。究竟什么样的软文才能促使用户主动分享转发？关键是要给用户一个不得不分享转发的理由，例如为用户提供有用的价值，让用户产生认同感，或是帮助用户完成某种社交任务等。一般来说，如果能帮助用户完成以下五种社交任务，就容易促使用户主动转发。

3.3.1　代表读者发声

在与人交往中，每个人都渴望表达自己的想法和立场观点。而此时，如果你能为目标对象发声，表达他们此时的想法和心情、观点和立场，抑或是想吐槽的事情等，让他们产生共鸣，他们也就会很自然地转发你的文章。

很多自媒体的软文都运用了这一技巧，如《抱歉我就喜欢过你觉得"不值"的生活》一文就利用了这一点：很多人都讨厌身边那种爱以自己的经验判断对别人的生活指手画脚的人，但碍于情面和觉得麻烦，又不想自己写篇文章去吐槽他们，所以当这篇文章出现，正好能够帮助想要吐槽的读者表达心声，读者就会自然而然地转发。

再如爆款软文《职场不需要眼泪，要哭回家哭》，也替老板们表达了其观点和立场，他们也就会毫不犹豫转发给自己的员工阅读、学习。前一段时间很多人在朋友圈转发的《你所谓的稳定，只是稳定地穷着》这篇文章，也正是因为它表明了他们"不想要混吃等死的稳定，而想要趁着年轻再拼一把"的想法和立场。

课堂讨论

如果需要你为一款大牌包包撰写一篇代表读者发声的软文，你打算从什么角度切入？请做简单的分析并写出软文的标题。

3.3.2　塑造形象认同

每个人都渴望塑造并强化自己的正面形象。如果软文能帮助他们强化自己的正面形象，或者说符合他们理想自我的需求，抑或是能塑造出某个群体的身份认同，如"成熟的人""独立的人""有才华的人""爱国的人"等，他们就更容易转发。

例如，之前人民日报发的热文《青年，我们一起远离为虎作伥的"乐天"！》，引起读者的疯狂转发和热议。他们评论及转发此类话题，其实就是想要强化自己作为中国人的"爱国"形象。再如，有人在朋友圈看到《为什么要娶会画画的女孩？看完就懂了》《独立的女人才最漂亮》等这类话题，也会经常转发，这也是想要借助软文展现自己更优秀、更有才华和更独立的一面。

课堂讨论

如果需要你为一款高端的蓝牙音箱撰写一篇帮助读者塑造正面形象的软文，你打算从什么角度切入？请做简单分析并写出软文的标题。

3.3.3 提供社交货币

宾夕法尼亚大学沃顿商学院教授乔纳·伯杰在《疯传》一书中提到："社交货币就像人们使用货币能买到商品或服务一样，使用社交货币能够获得家人、朋友及同事的更多好评和更积极的印象。"人类天生就拥有分享的欲望，愿意向亲朋好友讲述自己的所见所闻所感，分享自己的思想、经验和心情等。如果软文能够为读者提供不同寻常的谈资信息或内容，或是为读者提供在帮助他人过程中所需的有用信息，为读者提升其自我价值和社会地位，他们就更愿意转发。

1. 提供谈资

谈资就是一种社交货币。人与人之间发生的社交行为往往始于聊天，而"寻找谈资"正是聊天中非常关键的环节。如何掌握别人不知道的新鲜资讯、拥有让人出乎意料的谈资，往往在社交场合更容易吸引他人的注意，成为全场的焦点。如《你知道吗？这样睡觉很容易让人"瘫痪"！很多人都有这个坏习惯！》《美女在街头烙煎饼果子月入上万，花式烙饼看呆老外》等打破了人类思维定式的奇闻逸事，都是能够为读者提供谈资的内容，更容易被读者转发分享。

　　如果需要你为一个健身会所撰写一篇能为读者提供谈资的软文，你打算从什么角度切入？请做简单分析并写出软文标题。

2. 提供帮助

　　人类是群居动物。人们渴望通过向他人传递真正有价值的信息，帮助他人的同时实现自我的价值。因此，一个人如果能在社交活动中持续地给他人提供对他们有用的信息，用最省钱、最便捷的方式帮助他们解燃眉之急，这个人在别人心目中的地位也会随之提升；这些有价值的信息也会得到转发分享。

　　例如，在朋友圈经常能够看到《转给找工作的朋友！广州最新最全的招聘会都在这里了！》《来深圳找工作，这些地方可以免费住！转给需要的朋友~》等求职实用型软文。还有一些关于教你怎么吃才健康的营养饮食搭配建议、关于怎么使用工作软件能使你效率翻倍的工作技能等干货实用型软文，它们之所以能够引起疯狂转发的很重要原因，是因为它们能够帮助读者觉得自己被他人所需，能够为他人提供有价值的帮助。

　　假如你是唯品会的新媒体运营人员，现需要你写一则满足读者利他主义心理的实用型软文，你会选择从什么角度切入？请做简单分析并写出软文标题。

3.3.4　社会比较心理

　　社会比较理论最初是由美国社会心理学家利昂·费斯廷格（Leon Festinger）提出来的。它是指"每个个体在缺乏客观的情况下，利用他人作为比较的尺度，来进行自我评价"。人们希望借助社会比较确认自己的某种属性之外，还希望能得到肯定性的情感满足。也就是说，人们都希望通过这种比较，更好地确认自己高人一等的地位。正如自然界的动物一样，人们也喜欢站在社会阶层的顶端，享受这种被人敬仰的优越感。

因此，如果软文的内容能够帮助读者进行社会比较，并让读者在比较中产生优越感和心理奖励，他们就会更愿意主动转发分享。这个理论也常常被用到游戏中，如近年最火的一款游戏——王者荣耀。王者荣耀能让玩家看到自己的排位级别、所在区域排名及帮助玩家记录自己在每局游戏中表现最好的王者时刻等，这些都是帮助玩家挣取比别人更优秀的社交币的设置，促使他们乐此不疲地把游戏分享到朋友圈去，从而吸引更多的人参与到游戏中来。

除了游戏之外，社会比较还被应用在用户运营之中，如得到 App 的学习勋章、Keep App 的运动勋章、小米运动的步数排名、支付宝的十年账单等，都能让用户在社会比较中获取成就感和优越感从而促使用户转发。

课堂讨论

分享一个运用受众的社会比较心理来促成用户转发的品牌营销活动或用户运营的例子。

3.3.5 群体效应心理

每个人都具有社会属性，都有寻求归属感与爱的需求。心理学家亚伯拉罕·马斯洛（Abraham Maslow）提出的 "人类需求层次理论"，把人类需求从低到高分为：生理需求、安全需求、爱和归属感、尊重、自我实现五种需求。爱和归属感的需求是仅次于生理需求和安全需求的第三需求。可见对于人类而言，在群体中获得归属感和认同感是如此重要。在软文中到底要如何利用群体的力量去影响读者行动，刺激读者主动转发。影响读者行动的参照群体主要分为以下两种。

1. 渴望或喜爱的群体：渴望成为或已经加入的群体

渴望或喜爱的群体能够有效地影响人们的行为，很多人会通过模仿渴望群体的行为，让自己变得更像这个群体的一员；会通过参与喜爱群体组织的活动或做出符合喜爱群体身份的行为，来凸显自己是群体里的一分子。因此，如果软文能够满足读者的这种心理需求，读者就会主动转发。

　　例如，之前刷爆朋友圈的湖畔大学录取通知书，如图 3-24 所示。众所周知，马云创办的湖畔大学的入学条件极为严苛，能成为湖畔大学的学生就相当于是成功人士的一枚标签。这是网易云课堂服务号利用读者渴望跻身成功人士行列的心理举办的一次活动。这次活动成功吸引了大量的读者关注和转发。

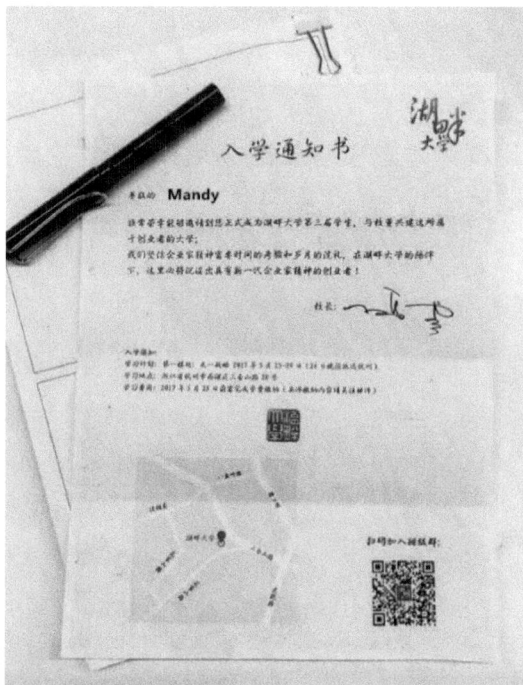

图 3-24　网易云课堂关于"湖畔大学录取通知书"的活动

　　再如一篇刷爆朋友圈的《双鸭山大学欢迎你》，转发的朋友都是来自这所"双鸭山"大学（即中山大学）的校友们。作为名校毕业的一分子，中山大学毕业这一标签，也成为这个他们喜爱群体的标签，让他们更有自豪感和成就感。

2. 疏远或排斥的群体：想要保持距离甚至内心排斥的群体

　　软文除了可以通过将你的产品与目标受众的渴望或喜爱群体联系起来促成转发之外，还可以将你的产品与受众想要保持距离甚至内心排斥的群体分离开来，目的是让他们更容易被渴望或喜爱的群体接纳。

　　如陌陌 App 很火的一则广告《就这样活着吧》。广告的内容是："不要探索新世界，只要待在自己的世界；不要追求改变，一成不变最好；不要停下来，继续忙着说'改日再说'；不要结交新朋友，最好高冷到没朋友。"这则广告采用反讽的态度表明了品牌的立场。转发的读者其实也是想表明自己是新时代的人类，拒绝"就这样活着"，支持要"探索世界，追求改变，结交新朋友"等立场。

课堂讨论

　　分享一个运用群体效应心理来促成用户转发的品牌广告或活动，并分析这个广告或活动利用的是哪类参照群体。

04

Chapter

第 4 章
玩转五大平台的软文营销写作技巧

通过阅读本章内容，你将学到：

- 新闻资讯类平台软文营销写作技巧
- 微信微博平台软文营销写作技巧
- 问答类平台软文营销写作技巧
- 个人社交类平台软文营销写作技巧
- 社群类平台软文营销写作技巧

// **4.1　新闻资讯类平台软文**

相对于其他平台的软文而言，新闻资讯类平台的软文更具有权威性和说服力。企业借助软文向用户渗透企业品牌或产品的理念及价值，并获得用户的认同，真正起到"润物细无声"的效果。此外，优秀的新闻资讯类平台软文更容易获得二次传播，为提升企业的品牌知名度和竞争力奠定基础。

4.1.1　新闻资讯类软文的三大特点

1. 真实性

新闻资讯类软文虽然内容丰富、形式多样，但是万变不离其宗，其应具备的基本特性与新闻相近。其中真实性就是新闻资讯类软文最重要的属性，是其存在的根本和前提。真实性就是指在软文中阐述的事实都必须与客观实际相符，主要包括以下三个层次。

（1）细节真实。要求构成新闻的六大基本要素要真实可靠，即新闻资讯类软文中涉及的时间、地点、人物、事件、原因、过程描述要符合客观实际。此外，还要求软文中引用的调研数据、文献史实等材料务必真实准确。

（2）概括真实。即要求对事件的全貌进行真实准确的概括，不能凭空虚构或随意加工情节；不能以点带面、以偏概全。

（3）本质真实。即通过对事实的客观描述来揭露其背后的原因及其本质，要求不能孤立地看待和评判事物，要与客观实际的整体状况相符合，经得起推敲和检验。

真实是新闻资讯类软文的本源。只有当一个事件真实存在且在合适的时间内得到客观的报道和传播，才能达到理想的宣传效果，赢得广大受众的信任。因此，切忌凭空编造、无中生有、夸大其词，遗漏、隐瞒和歪曲事实，否则将会让新闻资讯类软文丢失其自身的特性，从而引起受众对该软文报道信息的不信任。

2. 时效性

真实性是新闻资讯类软文区别于其他软文的基本特性，而时效性则是新闻资讯类软文的生命力之所在，是衡量软文内在价值的一个重要标准。所谓新闻资讯类软文的时效性，就是指该类软文在一定时间内的价值和效应。一般而言，软文的时效性与发布的时间成正比。对事件的反应越迅速，其软文发布的时间就越及时，传播速度就越快，从而对受众的影响力就越大。

在传统媒体领域，时效性主要侧重于强调发表时间与传播效果之间的关系，强调对新近发生事件报道的即时性。就时间层面而言，旧闻是拒绝发表的。但在网络媒体飞速发展的时代，网络媒体对传统时效性的观点做了一些拓展和延伸，既强调对新近发生事件的及时传播，又对"旧闻"进行了重新定义。网络媒体认为只要有新观点、新角度作为由头，旧闻也能化旧为新，再次进行报道。而对"时"的理解也扩展为全时性和即时性。全时性指的是对新近发生事件进行全天候、全过程、全方位的报道，即通过滚动重复报道和及时更新要闻和新资讯，让受众 24 小时都可以全面地了解各地发生的事件。即时性则是指对新近发生事件进行零时差、零距离的报道，让软文能够更贴近受众，同时也更贴近新闻的本质。事实上，衡量新闻资讯类软文的时效性并不是以谁最先发布为标准，而是以谁最先被受众接受为标准。

3．新鲜性

新鲜性是新闻资讯类软文的基本属性，其新鲜程度直接决定新闻价值的大小，主要包括以下三个方面。

（1）时间新，指的是报道的事实是新近发生的。如不能把握好时间及时发布，新闻的价值就会因为时间的延误而大打折扣。

（2）知识新，指的是受众欲知而未知、应懂却不懂的新知识和新资讯。新闻心理学研究表明，提供的新知识和新资讯越贴近受众的工作和生活，就越能引起受众的关注和兴趣。因此，为了更大限度地满足受众需求，提供的知识和信息需满足实用性、新颖性及趣味性三大原则。实用性指的是能够提供给受众指导性作用或帮助意见等有价值的知识和信息。新颖性指的是要挖掘受众未知却欲知和应知的新知识和信息，这有利于提升软文的价值，满足受众的求知欲。趣味性则是指能引起广大受众共同兴趣的知识和信息，如国内外大事、名人轶事、奇闻趣事、成功经验等知识和信息。

（3）角度新，指的是通过转变写作的角度，另辟蹊径，让内容推陈出新，旧酒装新瓶，同样能获得广泛的受众关注，真正发挥新闻资讯类软文的价值。

4.1.2　新闻资讯类平台的分类及特点

新闻资讯类平台主要分为四大类。第一类是综合性门户类平台，指提供某类综合性互联网信息资源并提供有关信息服务的平台，以网易、搜狐、新浪和腾讯为代表，具有庞大的用户群体。综合性门户类平台的内容以新闻信息、娱乐资讯等为主。第二类是传统媒体类平台，内容与传统纸媒保持一致，主要聚焦时政新闻，以人民日报、凤凰网、央视新闻网和澎湃新闻网为代表，具有权威性和严肃性。第三类是聚合类平台，指的是基于数据挖掘技术，抓取其他各大媒体平台的信息，根据用户的兴趣为用户提供个性化推荐和订阅服务，满足用户的多样化需求，以今日头条、一点资讯、Zaker、UC头条为代表。聚合类平台虽自身不生产内容，但其内容覆盖面更广、推荐精准度更高。第四类是垂直类平台，指的是聚焦某些特定的行业领域或某种特定的需求，为用户提供该行业领域或需求的全部深度信息和相关服务，其代表平台有 36 氪、钛媒体、汽车之家等。垂直类平台的内容相对更为专业。下面通过对四大新闻资讯类平台的优劣势进行对比，更直观地了解平台之间的区别，如表 4-1 所示。

表 4-1　四大新闻资讯类平台的对比

对比项	综合性门户类平台	传统媒体类平台	聚合类平台	垂直类平台
代表平台	搜狐、腾讯、新浪和网易	人民日报、凤凰网、央视新闻网和澎湃新闻网	今日头条、一点资讯、Zaker、UC头条	36 氪、钛媒体、汽车之家
优势	① 容易被搜索引擎收录，曝光度大；② 用户体量庞大；③ 用户活跃度和满意度较高	① 平台内容兼具深度和广度，具有较高的权威性和可信度；② 拥有多年的用户积累，影响力较大	① 可浏览多个平台的资讯，内容覆盖面更广；② 依托大数据优势，用户个性化推荐的精准度更高；③ 用户活跃度和黏性较高	① 用户定位更精准；② 内容更专业且更有深度
劣势	① 浏览内容有限，不能跨平台浏览；② 用户主动获取资讯的优势减弱	内容较为单一，主要聚焦时政类新闻，无法满足用户利用碎片化时间快速阅读感兴趣资讯的需求	平台自身不生产内容，内容参差不齐，质量无法保证	① 承载的内容及信息范围太窄；② 容易流失潜在目标用户

从表 4-1 中可看出，就战略定位的角度而言，综合性门户类和聚合类新

闻资讯平台更注重用户的参与性和需求，强调"用户优先"；而传统媒体类
与垂直类新闻资讯平台则更注重内容的专业性和深度，强调"内容为王"。
企业究竟选择哪种平台进行软文投放效果会更优，不同类型的产品所应采取
的投放策略也会不同。高价重决策的产品，如房子、车子等高价且有一定刚
性需求的产品，一般会选择综合性门户类平台（如新浪、腾讯）和垂直类平
台（如搜房网、汽车之家）进行投放推广，如图 4-1 所示；而低价轻决策的
产品，如零食、生活用品等价低的功能性产品，则可选择聚合类平台进行投
放推广，如图 4-2 所示。但产品的具体投放策略，还应根据企业的营销目标、
成本预算及产品定位等进行综合考虑，制定适合自己产品推广的平台组合
拳，发挥好平台的多重优势叠加效应。

图 4-1　综合性门户类和垂直类平台的软文投放案例

图 4-2　聚合类平台的软文投放案例

4.1.3　今日头条软文写作的五种技巧

1. 合理设置关键词

从软文的推荐机制和途径上考虑，今日头条文章的个性化推荐机制是指机器会通过关键词抓取和数据分析来理解文章和用户，并对两者进行匹配推荐。因此，在标题和内容中设置符合文章垂直领域内容的具有代表性的实体关键词，如职场领域的关键词就是"领导""同事""求职"等；时尚领域的关键词就是"时装搭配""美容""护肤"等；科技领域的关键词就是"马云""京东""苹果"等，既有助于机器更快读懂文章，也有利于提升文章的推荐量。

从增加软文的点击率上考虑，标题关键词要根据目标用户的相关属性进行设置，如受众的"地域""年龄""性别""职业""兴趣"等一系列相关的标签，有利于在众多标题中脱颖而出，在 3 秒的时间内迅速抓住用户眼球，让其注意力停留在标题的关键词上，引起读者兴趣进而点击文章。

2. 图文并茂更吸睛

艾媒咨询的调研数据显示，2016 年中国移动资讯用户主流的阅读偏好仍是图文并茂的形式，可见图文并茂的内容形式更容易吸引读者阅读。图文并茂的写作形式需满足两个方面的指标。

（1）内容精简具体有重点，指软文的内容要精简扼要，用通俗的语言清晰地表达重点。控制好软文的整体篇幅，字数在 1000 字以内为最佳。多用通俗易懂的简单词汇，少用生僻词，多用短句，有助于降低读者的理解难度。特别要注意的是，由于今日头条平台采用的推荐机制，英文单词和网络词汇是很难被机器读取和识别的，应尽可能避免使用。

（2）图片清晰可辨相一致，指软文的配图要选择与软文内容相符的清晰图片，既有助于读者理解文字内容，提高其阅读感，又利于增强软文的趣味性。

3. 寻找合适的切入点

软文的切入点指软文开篇以何种方向、何种角度或主题去开展全文。软文切入点的好坏直接决定着一篇软文的整体质量。找到合适的切入点，才能更快地抓住读者的眼球；才能更好地与推广的产品进行结合，达到事半功倍的宣传效果。今日头条的软文主要可以从以下四个方面切入。

（1）从经验分享的角度切入，指软文通过站在产品消费者的角度给目标受众免费提供经验分享、干货知识，在帮助他们少走弯路、解决问题的同时，自然地引出产品广告，从而得到受众认同并促其行动。

（2）从故事叙述的角度切入，指软文通过讲述一则动人的故事来引出产品。生动形象的故事容易让受众产生代入感，拉近品牌和受众之间的距离，从而建立品牌信任，提高转化率。故事的合理性、趣味性和知识性是关键。

（3）从观点或情感表达的角度切入，指软文通过情感的抒发和观点的表达引起受众的情感共鸣，从而提高受众对品牌的归属感和认同感。

（4）从热点人物或事件切入，由于热点自带流量和曝光度，软文通过结合当下的热点来引出产品，能够有效提高受众的关注度。贴近受众的实际生活是选择切入点的一个重要原则。

此外，今日头条是基于用户兴趣的个性化推荐平台，这就要求头条号运营者在垂直领域发文，即不同领域的头条号要发布与其专业领域相关的软文。发布的软文越专业垂直，其推荐量就会越大，推荐人群也会越精准。

4. 观点鲜明引讨论

在当今信息爆炸的时代，读者的关注力有限。如果新闻资讯类软文仍保持着过去严肃刻板、不掺杂任何情感表述的写作风格，根本无法引起读者的关注，唯有在遵照事实的基础上适当地抒发情感，表明自己的立场和态度，通过对事件的对错、利弊、荣辱等发表观点，才能激发读者的兴趣，引发读者的讨论。而坚定的立场、鲜明的观点和新颖的角度有利于进一步提升软文的层次与内涵；饱含真情实感的描述则更容易引起读者共鸣。在软文结尾处巧妙地设置一些互动的问句，既能引发读者思考，又能促使读者参与评论和转发。

5. 广告弱化增信任

读者进入今日头条客户端是为了浏览信息，如果此时向读者展示简单粗暴的销售广告，不单不会吸引读者注意，还很可能会引起读者反感。相比之下，干货类或情感类的软文更容易被读者买单，更容易建立较高的信任度。因此，这就要求软文写作者从读者的角度出发，把广告"软"化，设置符合读者浏览状态的场景化、原生态的内容，在不影响受众阅读体验的前提下，将产品广告巧妙地嵌入文中，"润物细无声"地感染和影响读者的决策，最终达成推广和转化的目的。一篇优质的软文，不仅能让读者理所当然地接受广告信息，还能让读者自发地转发和推广。

4.1.4　今日头条软文案例解析

案例一：OPPO 手机，如图 4-3 所示。

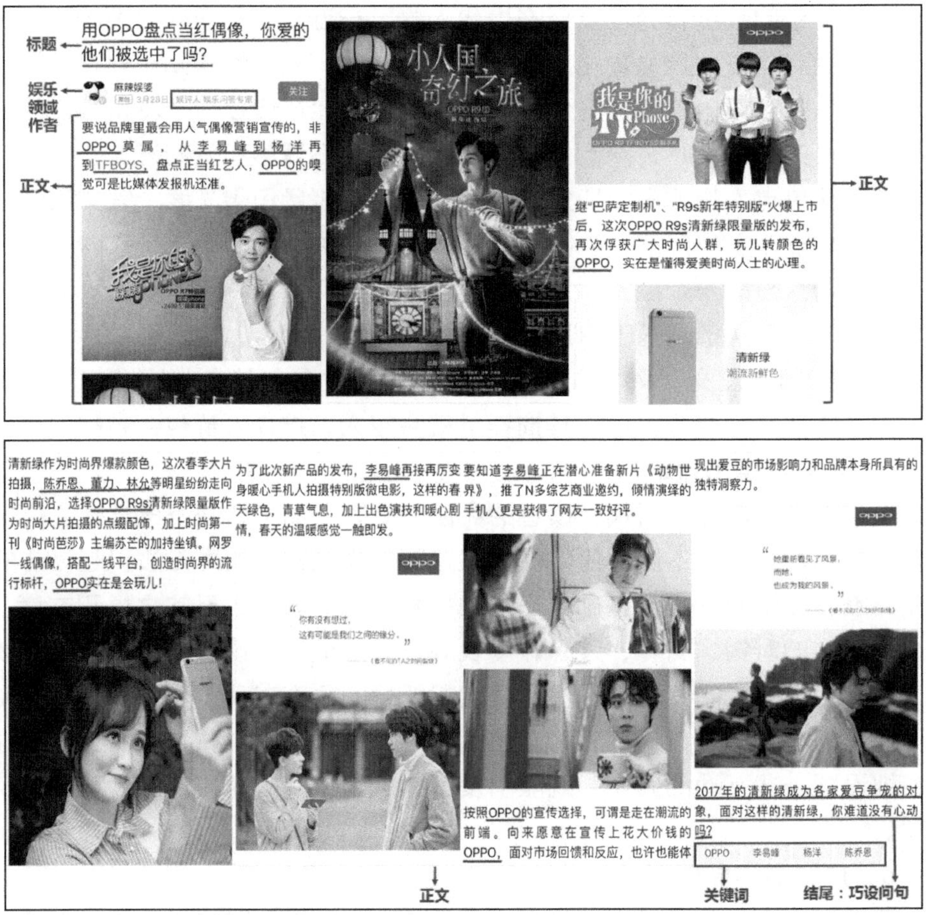

图 4-3　今日头条软文案例 1

【分析】

1. 新闻资讯类软文特点

　　此篇软文符合新闻资讯类软文真实性、时效性和新鲜性的特点。真实性体现在文中涉及的具体人物（当红偶像明星）和事件（给 OPPO 手机做代言）真实有效。时效性体现在 OPPO R9s 清新绿限量版新机发布需配合软文进行宣传推广。作者通过用"OPPO 盘点当红偶像"这个新颖的角度撰写软文，就体现了软文的新鲜性。

2. 软文营销写作技巧

（1）关键词设置：在标题上设置了"OPPO"和"当红偶像"双关键词，覆盖的受众面从关注手机的人群扩大到了关注手机及娱乐资讯的人群，这既有利于扩大品牌的展示量，又有利于刺激受众点击。在内容上，作者通过巧用当红偶像的名字设置关键词标签，大大提升软文的推荐量。

（2）图文并茂：标题与素材图片及正文内容一致。软文用简短的篇幅、精简的语言盘点了给 OPPO 做代言的当红偶像明星，这与标题"用 OPPO 盘点当红偶像"相吻合。封面及正文的图片素材选择了当红偶像明星给 OPPO 拍的广告照片作为配图，有助于增强软文的易读性。

（3）切入点：从"用 OPPO 盘点当红偶像"这个受众喜爱的角度切入进行手机品牌推广，一是能保证作者在娱乐领域垂直发文；二是能够提升阅读量，扩大宣传范围及效果。

（4）观点鲜明：软文通篇细数代言过 OPPO 手机品牌的当红偶像明星，引出 OPPO 手机是潮流和时尚人士的标配的观点。运用明星效应，除了能给目标受众建立品牌信任外，还能给他们塑造一种"通过购买 OPPO 手机，也能让自己短暂成为像明星一样的时尚人士"的感觉，这更有助于说服受众行动。此外，作者在结尾处再一次强调 OPPO R9s 清新绿是明星们争宠的对象这一观点，并通过巧设问句引发受众评论，撩动受众想要购买的心。

（5）广告弱化：软文没有简单粗暴地宣传 OPPO 出新机的消息，而是通过细数给 OPPO 做过代言的偶像明星来宣传品牌，让读者更容易接受广告信息，并自发地转发和推广。

案例二：smart 汽车，如图 4-4 所示。

图 4-4　今日头条软文案例 2

图 4-4　今日头条软文案例 2（续）

【分析】

1．新闻资讯类软文特点

此篇软文符合新闻资讯类软文真实性、时效性和新鲜性的特点。真实性体现在文中涉及的具体人物（smart 姐姐毛京波、吴亦凡等）、事件（Color Run）和产品（smart 新声特别版）的描述真实有效。时效性体现在作者借着报道 Color Run 活动这一热点事件，宣传 smart 汽车新声特别版上市。新鲜性主要体现在作者通过从"夏天三种显白的服饰流行色"的角度引出由 smart 赞助的 Color Run 活动及新车上市发布会。

2．软文营销写作技巧

（1）关键词设置：这篇软文的关键词设置主要从两方面着手，一是符合时尚领域的受众关注的代表性关键词，如将"刘诗诗""超模"等关键词标签融入文中，有利于增加软文的推荐量；二是将与软文内容相符的产品名称（smart）、产品特点（如流行配色）及卖点信息（如 JBL 量身定制）提炼出来，作为关键词合理布局在文中，有助于加深读者对品牌的认知。

（2）图文并茂：标题与素材图片及正文内容一致。作者没有在一开篇就阐述 Color Run 活动和 smart 的新车发布，而是以"夏天服饰的三种显白流行色"作为引子展开讨论，既呼应了文章标题，也有效地抓住了读者的注意力。文中的配图精美且与内容相符，有效提升软文的可视性。

（3）切入点：软文从"夏天穿什么颜色的衣服显白"的时尚干货分享的角度切入，能够迅速抓住读者的眼球，吸引读者继续往下阅读，进而引出"一次性集齐所有流行色"的 Color Run 活动和拥有"N 种流行配色"的 smart 汽车品牌推广。

（4）广告弱化：这是一篇时尚领域的资讯类软文。作者在提供给读者实用性资讯的同时，将 smart 新车宣传广告巧妙地融合到文中，让读者在潜移默化中对品牌所传达的理念产生认同感。

实战训练

改写练习：给上述软文改写一个结尾，思考结尾还可以承接什么类型的产品广告并写下来。

// 4.2 微信、微博平台软文

随着移动互联网时代的到来，微信、微博已成为用户移动阅读获取信息的主要平台。企业通过在微信、微博平台进行软文营销，与用户建立一对多的互动交流方式，有利于企业品牌或产品得到更广泛的传播，进一步树立良好的口碑和企业形象，从而实现营销的目的。

4.2.1 微信、微博软文特点的异同

微信、微博是最常见的两大自媒体平台，也是企业或个人使用较为频繁的用来分享意见、见解、经验及观点的工具和平台。它们发布的内容、形式较为多元化，能根据企业或个人自身的需求发布文字、图片、音频和视频等各种内容信息。但微信、微博两者之间在内容的发布频次、传播和互动方式等方面存在着区别。

微信公众号是一个较为私密的圈子，其发布的内容主要局限在圈子内传播，关注公众号的用户能通过公众号推送查看文章。微信公众号又分为订阅号和服务号，订阅号每天可以推送一次，每次最多 8 篇文章；服务号一个月最多推送 4 次，每次最多 8 篇文章。相比微信一对多的定向传播方式，微博则更倾向于开放式的裂变话题传播方式，其扩散速度比微信快得多。微博平台除了不能重复发布相同内容的文章外，并没有明确限制发布文章的数量。

此外，微信公众号主要是以回复用户后台留言和文章评论以及关键词自动回复等方式与用户互动。它更注重用户的黏性和活跃度，通过与目标用户的互动和关系维护找到精准的用户。而微博主要是通过@用户、回复和转发用户文章评论以及私信用户的方式进行互动。它更注重话题的传播速度及覆盖范围。

4.2.2 微信公众号软文写作的四种技巧

1. 绑定关注，吸引兴趣

通过绑定目标用户关注的话题关键词，如当下的热门话题、名人明星、

用户的兴趣爱好以及与其自身息息相关的利益或目前正在进行的任务等，向用户提供有价值的或有反差的信息，抑或是制造悬念的内容吸引用户眼球，勾起用户的好奇和兴趣，让用户情不自禁地点击并阅读软文。此外，在标题中加入与用户自身描述相符的标签，如地域、年龄、性别、收入、职业等关键词，抑或是利用对话式标题，如"学会这 7 招！你也可以国际范儿"，让用户感觉作者在和自己对话，增强代入感和亲切感，有利于提升文章的阅读点击量。

2．增强代入感，引出产品

软文通过讲故事、提问题、场景化描述痛点等方法，使用户产生代入感，让用户在阅读故事、思考问题的答案及回顾自己相似经历的过程中开始关注自己，指出用户过去的行为或者选择中存在哪些不合理之处，让用户意识到自身的困扰和痛点需求。与此同时，将用户的需求与推广产品的卖点和价值绑定起来，告知用户他需要怎样的产品，而推广的产品正好能解决他的问题，即给用户一个不得不买的理由。例如，一篇关于无硅油洗发水的推广软文可以描述用户日常使用含硅油洗发水时常遇到的痛点问题，如头发没洗几天就脏了、头发越洗越油等问题，再向用户解释造成这一问题的原因，并告知用户这款无硅油洗发水正好能解决他的烦恼。

此外，这里提及的"场景化描述痛点"越具体，越有助于用户产生代入感。例如，一个关于整理术的课程在软文开篇描述用户的烦恼和痛点时，如果只是简单地描述"衣橱总是没空间、东西总是找不到、家里杂物堆积如山"等问题，可能并不会引起用户的重视；而将描述的问题具体化和场景化，如"塞得满满的衣柜却因找不到衣服穿而导致上班迟到，下班回家发现昨天刚收拾完的家又乱成一团，精心装修的家被杂物吞噬，隔三岔五找不到东西"等，则其营销效果会事半功倍。

课堂讨论

将"你是不是总拖延、完不成目标、焦虑、生活无秩序、工作效率低？"改写为具体的痛点场景化描述。

3．打消顾虑，赢得信任

在用户产生购买兴趣的基础上，对于那些让用户存疑或制约用户做出购买行为的因素，需尽可能打消用户的顾虑，赢取用户的信任。常用的方法有以下四种。

（1）用权威。借助权威机构或组织的认证、业界权威或知名人士的背书，以增强产品的说服力。

（2）用数据。利用用户的从众心理，通过产品的销量、用户量、好评率、排名等数据表明产品畅销，激发用户的购买欲望。

（3）用细节。为用户提供更具体的产品信息，让用户更为清晰深入地了解产品的卖点，会更容易让用户对产品产生信任感。

（4）正面的用户反馈及评论。选择能解决顾客疑问和满足顾客核心需求的真实评论或成果进行展示，以证明产品的卖点和效果，有助于化解用户的顾虑，增强用户的信任。

4．利益诱导，促成转化

进一步借助利益诱导，如强化产品的销售卖点、价格优势和优惠力度等，让用户看了就产生购买冲动。其中，强化价格优势是软文营销中常用的策略，主要采取价格对比、提供附加价值的方式来唤起用户行动。

对于原本售价就不高的产品，可以将其价格与目标用户经常性消费品的价格进行对比。例如，一堂售价 69 元的线上 PPT 课程，想要表达课程价格优惠，其软文可以如此写：现在只需要一张电影票或吃一顿饭的价格，就可以让你掌握一项受用终生的 PPT 技能。而对于原本售价较高、用户购买前可能会产生犹豫的产品，可通过在用户心理账户重新定义此产品后再进行价格对比。例如，一个售价几百元的高颜值保温杯，在用户心理账户中可能只是一个价值几十元的实用品，而如果把保温杯定义为明星同款时尚装饰品，再与其他价值几千元的时尚单品相比，几百元的售价立刻就变得容易接受了。

此外，对于原本售价较高的产品，还可以采用限时或限量优惠的策略，即"原价××元，现价××元，×天后或满×人后恢复原价"，通过制造稀缺感和紧张感来刺激用户立即购买。

提供附加价值也是微信软文营销常用的策略，如"现在购买产品就送其他礼品"。

4.2.3　微信公众号软文案例解析

案例一：HomeFacialPro 的蜂胶滋润保湿面膜，如图 4-5 所示。

图 4-5　微信软文案例 1

【分析】

1. 绑定关注，吸引兴趣

首先，软文的标题通过设置和绑定如"女明星""美颜"等用户关注的关键词及话题，吸引用户的兴趣。此外，标题还运用了悬念式标题模板，使用"恨不得早 10 年知道""背后的真相"等词汇刻意营造悬念和制造疑问，让用户产生猎奇的心态，想要立刻点进去一看究竟。其次，正文开篇也以范冰冰皮肤水嫩的话题作为切入点展开探讨，并配以范冰冰的美照，大大增强了软文的吸引力，让用户自然而然地往下阅读。

2. 增强代入感，引出产品

软文通过"范冰冰的皮肤保养得好是因为敷面膜多"的话题引出"为何自己也没少敷面膜但仍旧毛孔粗大"的痛点，运用如"有时候照镜子，毛孔特别碍眼，每次化妆都要遮瑕很久，很是揪心"等具体的场景化描述手法，让用户产生代入感并开始关注自己，联想到自己也曾经有过这样相似的经历。紧接着告知用户他们过去在"敷面膜"这件事上存在误区，才导致常敷面膜也效果不佳，让用户意识到自身的需求，进而引出产品。将产品的卖点与用户的需求结合，更容易让用户产生购买欲望。

3. 打消顾虑，赢得信任

在用户产生购买兴趣的基础上，尽可能解答用户对产品存在的疑惑并消除他们对产品的顾虑。对于面膜"滋润肌肤"和"改善肌肤粗糙"等功效卖点，软文中通过对该面膜的主要成分（蜂胶而不是蜂蜜）、制作过程（蜜蜂采集，反复加工提取）及膜材质地（0.5mm 超薄真丝面膜纸）等细节进行具体描述，让用户清晰地了解到这款面膜与普通面膜的区别，有助于增加用户信任。

此外，利用用户的从众心理，通过列出产品的销量（7000 人的选择、天猫 618 美妆销量排名第 12 名）、好评率（天猫旗舰店好评率达 98.7%）等数据以及能凸显产品卖点、满足用户需求的真实用户评论（皮肤水嫩、纯天然、温和、味道好闻），以提升产品的说服力，增强用户对产品的信心。而权威机构（GPMC 认证、《Vogue》和《ELLE》时尚杂志推荐）及专家的背书（小红书编辑推荐），则有利于进一步增加用户信任，刺激用户产生购买冲动。

4．利益诱导，促成转化

软文通过进一步的利益诱导，影响用户的购买决定，如限时价格折扣优惠（原价 596 元/四盒，现价 276 元/四盒）、满减（满 296 元减 20 元）和满赠活动（一次性买四盒赠 79 元金盏花舒缓爽肤水喷雾一瓶）、体验价优惠（原价 149 元/盒，现价 158/两盒）以及粉丝专享活动（消费任意商品单笔金额实付满 299 元/499 元可获跨年限定好礼）等，都能让用户心动并产生购买冲动。与此同时，给用户提供便捷的支付手段（扫二维码或点击"阅读原文"即可支付购买），促使用户立即支付购买，完成销售转化。

此外，软文结尾还使用"留言送赠品"的粉丝专享活动来收集关于"如何使用这款蜂胶面膜收毛孔"的评论，可以帮助企业或商家从新用户的留言中挖掘需求，从老用户的留言中为下一次软文营销活动积累素材和口碑。同时，老用户关于同品牌其他产品的推荐也可以拉动产品的销售。

案例二：秋叶 Office 套装课程，如图 4-6 所示。

图 4-6 微信软文案例 2

【分析】

1. 绑定关注，吸引兴趣

软文标题设置"Office"这一关键词，既是软文推广的产品，又是职场人必备的办公工具。因此，通过绑定"Office"这一与用户自身利益密切相关或与用户正在进行的任务相关的关键词，能让用户从众多信息中一眼识别出来，在最短的时间内抓住用户眼球。此外，标题中还加入了第二人称的"你"字，让用户看到此标题感觉作者是在和自己对话，从而进一步拉近了与用户的距离。软文开篇第一句话就提及"白领"，再一次强调目标用户，增强代入感。

2. 增强代入感，引出产品

软文通过提出"你的 Office 技能中了几枪"这一问题，让用户自然而然地进入到作者预先设置的思考路径中，代入感瞬间增强。当用户从提供的备选答案中发现自己居然都中枪了，必定会引起重视。此时，再通过接下来的软文告知用户如何解决他们关于 Office 学习的痛点和困扰，为推广相关的课程做铺垫。

3. 打消顾虑，赢得信任

软文作者通过对 10 年来线上线下 20 万付费学员在学习 Office 过程中最常遇到的困惑进行归纳和解答，在为用户提供有价值的干货内容的同时，植入所需推广课程中的亮点技能，如"将 Word 文本内容直接转为合格的 PPT 文档"这种白领急需却又不会的技能等，以证明课程兼具专业性和实用性。此外，也暗示了作者及其团队从事 Office 领域的教育研究已有 10 年，且还有 20 万付费学员，侧面塑造了其在这一领域的权威性和专业性。

此外，通过课程相关图书的销量（京东、当当排行榜霸屏多年）和课程学员的数量（学员总规模全网第一，PPT 学员累积超过 10 万人）以及权威合作机构或单位（美的、万达、京东、苏宁、腾讯等世界 500 强品牌大客户）、大量可查证的真实用户好评（网易云课堂可查学员口碑）及学员成果展示（新浪微博的#和秋叶一起学 PPT#话题可查看学员作业），用数据和事实进一步说明课程的价值，提升产品的说服力，增强用户的信心，激发其购买欲望。

4. 利益诱导，促成转化

软文的结尾总结课程的三大卖点，并通过最直接的领券限时满减优惠刺激用户的买课冲动。对在限定时间内购买 Office 套装课程的用户，还提供各种附加价值，如购书 4 本还加送一本《和秋叶一起学 Word》纸质图书；价值

99 元的 PPT 锦囊课，送 4GB PPT 资源礼包，以及抽奖活动等多重福利，唤起用户行动。与此同时，给用户明确的购买提示，提供便捷的支付手段（扫二维码即可直达支付页面），引导用户立即支付购买，增加销售转化率。

4.2.4 长微博软文写作的三种技巧

1. 创新内容的呈现方式

微博平台取消 140 字的发布限制，意味着其内容发布的门槛在降低，企业可以更便捷地发布推广软文。与此同时，由于长微博的发布流程变得更加快捷简单，平台用户在同一单位时间内能接收到更多的信息，企业之间的竞争变得更加激烈。直接发布长微博软文并不是企业进行微博软文营销的最佳选择，且容易出现两大弊端：一是软文的部分内容会被折叠，二是内容太冗长，无法引起用户关注，导致关键信息被用户跳过。因此，为了能在最短的时间内吸引和打动用户，提升用户的阅读体验，企业需要创新软文内容的呈现方式，即将软文做成图片的形式或利用短视频、H5 页面等方式将软文的内容表达出来，通过视觉、听觉的刺激让用户产生兴趣甚至是情感共鸣，从而大大增加微博的浏览量和转发量。

2. 包装话题引发共鸣

微博软文通过运用具有争议性的内容或能引起大众情感共鸣的话题切入，抑或用故事对话题进行包装，并以图片或短视频、H5 页面等作为载体将这些话题传播出去，有助于增加软文的点击和转发，进一步扩大企业的知名度。

例如，SK-II 的广告短片《她最后去了相亲角》，就是以大龄单身女青年作为视频的主角，通过讲述两代人的婚姻观，道出了女性"想要掌握自己的命运，想要得到社会的理解，想要拥有自主选择而不被议论的权力"等心声。正因为这一视频讨论的话题戳中了广大女性的痛点，所以视频一上线就得到大量的关注和广泛的热议。又如，德国 EDEKA 超市圣诞广告短片《回家》，用最简单朴实的语言讲述了一个孤独老人谎称自己过世，只为骗孩子们回家团聚过圣诞节的故事。这一看似俗套却能让人感同身受的亲情故事，恰恰是大多数在外打拼的人们的真实写照，因而引发受众情感共鸣。这一广告短片上线一周就创下了超过 3000 万的浏览量和 1800 万的转发量。

**拓展
阅读**

用百度搜索并观看 SK-II 的广告短片《她最后去了相亲角》和德国 EDEKA 超市圣诞广告短片《回家》。

3. 借势热点互动营销

基于微博平台快速聚合关注和快速引发传播的特点，企业在发布微博软文时，应寻找与自身品牌调性契合且符合广大用户兴趣和口味的热点进行借势营销，这有助于快速引起用户的自发传播和广泛热议，在实现用户广泛覆盖的同时，大大提升品牌的知名度和好感度，从而有效提升营销效率。

除了要借势热点外，还要借助名人自身的影响力进行造势。善用微博"@"这一功能，通过在微博中"@"名人明星、微博的意见领袖或其他企业的品牌，联合他们一起造势。一旦企业发布的微博被他们回复或转发，就会带动大量的粉丝用户参与互动和自发传播，有助于充分发挥软文营销的势能，引爆品牌声量。此外，在微博软文中设置与粉丝互动的内容也是至关重要的环节。通过给粉丝提供专属福利或有价值的内容引发其情感共鸣，从而提升粉丝对产品的购买意愿，最终实现明星粉丝向品牌自有粉丝转化。

4.2.5　长微博软文案例解析

案例一：天猫"618"理想生活狂欢节，如图 4-7 所示。

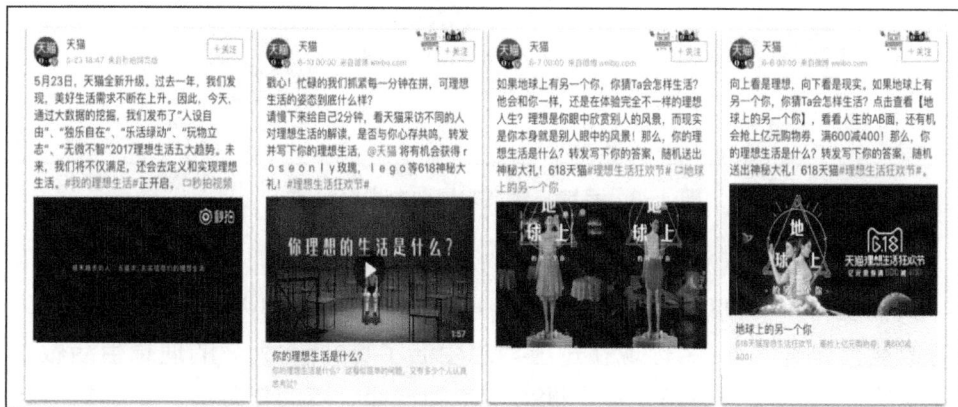

图 4-7　天猫"618"系列微博软文案例

【分析】

1．创新内容的呈现方式

天猫"618"系列微博软文结合"理想生活"的品牌理念，以用户的需求和偏好为出发点，通过创新内容的呈现方式，利用创意短视频和互动 H5、镜头的切换、画面的对比呈现、广告对白及背景音乐的歌词等，向用户传达软文内容及品牌升级的新理念。其中，在以"地球上的另一个你"为主题的微博中采用了"一屏双视频"的技术，通过在一个视频中加载两个画面，真实生动地将理想和现实两种截然不同的生活方式演绎出来，为用户提供了极致的视觉和听觉体验，引发用户的广泛关注及转发。

2．包装话题引发共鸣

（1）五大趋势短片，构建用户认知

天猫通过大数据的挖掘，发布 2017 年关于理想生活"人设自由""独乐自在""乐活绿动""玩物立志""无微不智"五大趋势的官方短片，并通过联合各大品牌高管视频助力以及明星深度解读理想生活的定义，构建用户对理想生活的认知以及传递"理想生活上天猫"的品牌理念，如图 4-8 所示。

图 4-8　品牌高管及明星助力视频截图

（2）真实采访视频，引发用户共鸣

天猫发布了一则以"你的理想生活是什么"为话题的视频，视频围绕"你的理想生活是什么？""你现在过上理想生活了吗？""为你的理想生活做过什么努力？"这三个问题，对一批来自不同行业、不同年龄层、不同经历且性格迥异的人进行了问答采访，展现他们对理想生活的理解。用户在看不同的人对理想生活的理解时，也会情不自禁地把自己代入到当下的问题中，触发用户对理想生活的深度思考，进一步引起用户的情感共鸣。

（3）创意双频 H5，唤起用户向往

天猫发布以"地球上的另一个你"为话题的视频以及创意 H5，通过"一屏双视频"切换互动 H5 的宣传模式，将理想和现实中的生活场景直观地展现给用户。创意互动 H5 中采用的重力感应技术可以让用户在双视频中自由切换：一种是"围绕现实生活团团转"的场景，为了一日三餐、为了家庭奔波忙碌；而另一种则是"围绕理想生活而旋转"的场景，做一切自己喜欢的事情而不被打扰，如图 4-9 所示。在不同的场景出现时，还配以人们耳熟能详的背景音乐，将两种截然不同的生活表现得淋漓尽致，唤醒用户内心对理想中的美好生活的向往。

图 4-9　创意 H5 双频切换截图

3. 借势热点互动营销

（1）粉丝互动，带动全民热议

在天猫"618"理想生活狂欢节的系列微博软文中，多次提及用户转发并分享自己对理想生活的见解即有机会获赠大礼。天猫以专属权益吸引、号召用户踊跃转发和参与互动分享来扩散核心博文，带动全民热议，营造狂欢的氛围，刺激用户的购买热情。#我的理想生活#和#理想生活狂欢节#话题的累计阅读量及讨论量分别达到了 16 亿人次和 74.5 万人次。此外，天猫还趁势发布逗趣的主题贴纸，以满足用户晒图的心理，助力提升品牌的好感度，如图 4-10 所示。用户使用贴纸发微博时，还自带#理想生活狂欢节#话题词，让话题热度持续保持攀升的趋势。

图 4-10　用户发布天猫主题贴纸微博截图

（2）热点借势，助力品牌传播

天猫通过借势"微博电影之夜"和"超级红人节"两大热点活动，联合众多明星和网络红人发布天猫定制的开机报头及海报，借助杨幂、刘涛等明星和网络红人的影响力扩大品牌的传播，在收获广泛关注的同时，进一步提升了品牌认可度及好感度。

案例二：vivo Xplay6，如图 4-11 所示。

图 4-11　vivo Xplay6 微博软文案例

【分析】
1．创新内容的呈现方式

为了吸引年轻用户的注意和兴趣，vivo Xplay6 选择年轻人喜爱的轻松、搞笑的 papi 酱的视频进行广告植入，将软文的内容通过幽默风趣的短视频方式呈现给用户。此外，将视频中最能吸引用户的内容提取出来作为短视频的简介，让用户一看介绍就想点击视频进行浏览。案例的这则短视频简介就通过采用"开黑"和"越塔送人头"等当下非常火爆的线上游戏中常使用的专业术语来迅速抓住用户眼球，构建用户的认同感。

2．包装话题引发共鸣

首先，这则微博视频以当下非常火爆的线上游戏作为话题切入点，通过吐槽在玩游戏过程中常遇到的菜鸟队友以及替广大的游戏玩家打抱不平而引发共鸣。其次，通过进一步描述用户玩游戏时最怕碰到"队友菜""手机卡""手机没电"等痛点引出 vivo Xplay6 手机，并针对用户痛点展现手机产品的相关卖点，如"玩游戏流畅""续航能力强"等。

3．互动活动促发传播

在视频的最后，告知将从转发视频的用户中抽取三人各送一部 vivo Xplay6 手机。利用转发互动有礼的活动充分调动用户的积极性，吸引用户参与转发，为提升品牌知名度提供助力。

// 4.3　问答类平台软文

基于消费者习惯通过搜索相关问题来找到所需信息及消除疑惑，企业在问答类平台投放软文更容易被消费者搜索到，并能够最直接地影响他们的购买决策。例如百度知道、悟空问答和知乎问答等搜索排名靠前且具有较大流量的问答平台，适合作为企业进行软文营销的载体，进一步提升企业品牌或产品的知名度和美誉度。

4.3.1　两种方法搞定问答类软文

消费者通过提出问题或搜索相关问答来解决疑惑、查看相关品牌或产品的口碑，以辅助自己做出购买决策。而企业则可通过撰写问答软文唤起并强化潜在消费者的购买需求，为其提供购买方面的参考信息，辅助其进行评价选择和风险分析，最终达到推动品牌推广、促进产品销售等营销目的。

企业制订有针对性的问答营销策略，既能与潜在消费者零距离地互动，消除他们的疑虑，促使他们产生购买意图；又能将自己的品牌或产品巧妙地植入问答中，让企业品牌或产品得到全方位的展示，有利于树立企业形象，增强品牌或产品的好感度和美誉度。蓝月亮洗衣液通过软文的形式回答与自己品牌产品相关的提问，以达到第三方口碑效应，如图 4-12 所示。

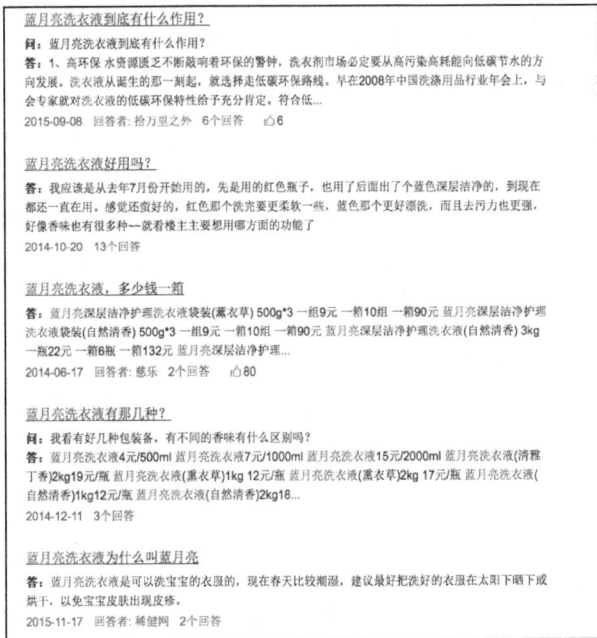

图 4-12 关于蓝月亮洗衣液产品的问答

企业进行问答类软文营销的具体操作主要分为两种类型：一种是回答问题型，指企业在各问答平台搜集与企业品牌或业务相关的问题并对问题进行解答；另一种是自问自答型，指企业站在消费者提问的角度来思考问题，并结合自身的品牌或产品的需求设定和回答问题。新品牌或新产品由于在网络上能搜索到的相关问题较少，因此一般会采取自问自答的方式进行营销。

1. 设置问题

自问自答型的问答类软文，其问题的设置类型主要分为品牌口碑类、产品品质类、价格询问或比较类、活动促销类、竞争对手对比类及品类比较类等问题。以华为手机为例，相关问题设置如下。

（1）品牌口碑类问题："华为手机怎样？""华为手机售后怎么样？"

（2）产品品质类问题："有人用过华为 P10 吗？好不好用？"

（3）价格询问或比较类问题："华为 P10 的最新报价是多少？""华为 P10 和三星 S8 的价格分别是多少？哪款性价比更高？"

（4）活动促销类问题："双 11 华为 P10 手机也有半价吗？"

（5）竞争对手对比类问题："华为 P10 与三星 S8 相比，哪款手机的运行速度更快？"

（6）品类比较类问题："哪款安卓手机的运行速度快且拍照效果好？"

实战训练

"青苹果"是一个专门生产防晒霜的品牌，价格为 38 元，主打的卖点为本草配方，温和不刺激。假如你负责该品牌的问答类软文营销，你会提出哪些问题？请分别按以下分类设置问题。

（1）品牌口碑类问题：

（2）产品品质类问题：

（3）价格询问或比较类问题：

（4）活动促销类问题：

（5）竞争对手对比类问题：

（6）品类比较类问题：

2.　回答问题

企业一般可以通过在问答类平台搜索品牌、产品、活动等关键词搜索到相关的问题并进行回答。回答的内容要求表述清晰、准确客观、全面详细、真实可信以及易于阅读。

（1）准确客观

回答的内容要与问题息息相关，提供的答案信息要精准到位、清晰合理；观点的表达要保持中立，减少主观情感及意见的掺杂；语言、措辞要准确客观，把握好尺度。

（2）全面详细

从提问者的角度进一步拆解问题，明确何种答案更符合提问者的需求和期望，运用逻辑化的思考及结构化的表达对复杂的问题抽丝剥茧，从不同角度和层面对问题进行全面详细的解答；并在此基础上结合企业的营销目标，自然地植入品牌或产品的推广信息。

（3）真实可信

回答的内容及信息要遵循实事求是的原则，切忌自吹自擂、过度广告化。在答案的末尾还可附上内容的来源、出处及相关参考文献等资料，这样既能满足想要深入研究该问题的用户的需求，又能增强答案内容的可信度和说服力。

实战训练

你认为图 4-13 和图 4-14 所示的两个回答，哪个更好？为什么？如果让你来优化不好的回答，你会如何做？

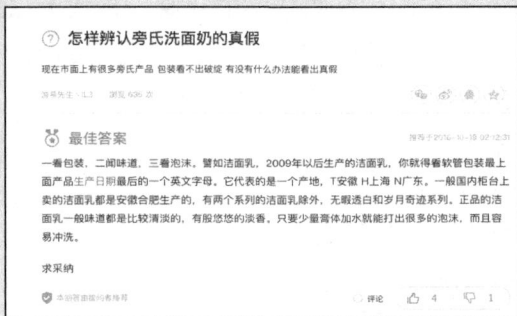

图 4-13　关于旁氏洗面奶辨认真假的问答

图 4-14　关于旁氏洗面奶评价的问答

4.3.2　问答类平台的分类及特点

在搜索引擎中随意搜索一个问题，都能进入不同的问答平台。目前网络上的问答类平台众多，主要分为综合类问答平台和垂直类问答平台。

1. 综合类问答平台

（1）平台介绍

综合类问答平台主要是由搜索引擎网站及新闻资讯网站或论坛推出的，致力于为用户提供快速、精准、翔实的提问与解答的平台。其问题类别较为齐全，从经济发展到教育、社会民生，从历史文化到娱乐生活，从科技进步到实用技能等，各个领域的知识和信息都有。这类平台有知乎、百度知道、搜狗问问、360 问答、搜搜问问、搜狐问答、新浪爱问知识人、悟空问答、天涯问答等。

（2）平台特点

① 易于搜索：当用户输入相关问题时，会让自己平台的问答更容易被搜索到。如使用百度搜索问题，百度知道上的问答会更容易出现在搜索结果的靠前位置；而使用搜狗搜索问题时，搜狗问问的回答更容易出现在搜索结果的靠前位置。

② 流量大：因问题类型繁多且易于搜索，精准的问答更易于获得大量流量和更多曝光。

2. 垂直类问答平台

（1）平台介绍

垂直类问答平台是指专注于具体行业或领域的问答平台。如专注于医疗领域的有问必答、39 健康问答；专注于房地产领域的搜房问答；专注于母婴育儿领域的宝宝知道、育儿问答，亲子快问；以及专注于旅游问答、游戏问答等不同领域的不同问答平台。

此外，还有专为知识分享者付费的垂直类问答平台，如分答、微博问答等。分答作为国内领先的付费语音问答平台，汇聚着各行业和领域的专家，提问者通过付费给具体的回答者，获取其 1 分钟的语音回答。而微博问答则是指粉丝通过付费向知名的微博用户提问，知名微博用户通过撰写文章的形式回答问题。

（2）平台特点

① 人群精准：因平台集中回答某一行业的问答，聚集的人群较为集中；

企业做问答营销，人群更精准。

② 行业针对性强：因人群精准，企业可集中回答相关问题并植入软文。如与育儿问答相关的奶粉类企业可围绕喂养类、营养类问题进行解答。

企业在实际选用平台时，需考虑综合类问答平台及垂直类问答平台同步运作，既要兼顾易搜索的综合类问答平台，也要考虑在垂直类问答平台中做深做透。

实战训练

假如你负责一款婴儿推车的问答营销，你会选择哪些问答平台？

（1）综合类平台：百度知道、搜狗问问、360 问答、搜狐问答、悟空问答等。

（2）垂直类平台：宝宝知道、育儿问答、亲子快问等。

（3）综合类与垂直类平台均选，并在垂直类问答平台投入更多的精力。

4.3.3 百度知道的软文写作技巧及案例

百度知道是一个基于搜索的互动式知识问答分享平台。用户在平台上提出针对性的问题，平台通过积分奖励机制发动其他用户来回答该问题。百度知道的最大特点就在于与搜索引擎完美结合，让用户所拥有的隐性知识转化成显性知识。用户既是百度知道内容的使用者，同时又是百度知道内容的创造者。通过用户与搜索引擎的相互作用，实现搜索引擎的社区化。

其他综合类问答平台与百度知道相似，如搜狗问答是基于搜狗搜索引擎的问答平台，360 问答则是基于 360 搜索引擎的问答平台等，因此，其问答形式均存在相似性。下面以百度知道为代表，分析以搜索引擎为基础的综合类问答平台的软文写作技巧。

1. 百度知道的软文写作技巧

（1）关键词设置：为了让百度知道的提问及回答更容易被用户搜索到，在问题和答案中都应合理地布置与企业品牌或自身业务相关的关键词。关键词的选择应从目标用户的角度出发，在对目标用户、市场和平台进行综合评估的基础上明确需要推广的关键词。关键词的设置应尽可能精准、简短。

（2）回答内容：内容准确全面，适当合理延伸，能够有针对性地解决用户的疑问和困惑，有助于用户更为深入地了解和掌握所需的信息；字数在 500字左右为宜。答案中传达的观点需中立客观，避免偏激的主观臆断给用户造成误导。不要过度广告化，不要发布不符合法律法规及违背道德规范的内容。

（3）回答框架：为了使内容逻辑清晰，便于用户阅读和理解，一般采用"总分总"的结构回答问题，即首先用一句话总结性概括来回答提问，给出明确的判断或结论，接着围绕这个结论分成几点展开论述，最后对结论进行总结和强化。在论述部分，还可通过用数字"1、2、3……"来罗列，使得内容更直观清晰，表达更有条理。此外，还可在回答中加入与内容相关的精美图片，让内容更加生动且易于理解。

2．百度知道的案例

案例一："爱德华医生"润眼灯，如图 4-15 所示。

② 台灯(护眼灯)什么品牌好？"爱德华医生"润眼灯,怎么样,有人用过吗？

企业回答　　　　　　　　　　　　　　　　2017-06-05 12:53

　　爱德华医生的护眼灯真的挺不错的。现在的护眼灯品牌非常多，但是很多牌子的质量是不合格的，今年的315就曝光了一些不合格的护眼灯品牌，没有真正的护眼作用，所以大家在选择的时候一定要慎重，建议选择大品牌。爱德华医生护眼灯，护眼灯中的高端品牌，是由医师专业研发，光源由美国进口，光线很舒服，写字没有重影，无频闪，有效预防蓝光危害。另外，在今年江苏省消协抽检173批次的检查中，合格的仅3家，爱德华医生就是其中一家，质量有保障。爱德华医生护眼灯，有网上旗舰店，在线下单，物流快，服务也好，还有三年的免费保修服务。建议孩子学习使用可以购买这款，旗舰店网站地址是：http://adhys.tmall.com/，希望我的回答对您有帮助！

👍 10

图 4-15　百度知道的问答案例

【分析】

（1）关键词设置：在问题及答案中有意识地植入了用户关注的品类关键词及企业需要做推广的品牌关键词。其中，品牌关键词为"爱德华医生"，品类关键词为"台灯""护眼灯""润眼灯"。

（2）回答内容：回答的内容精简扼要，在保证内容尽量客观中立的前提下，凸显产品的优势。案例先针对"爱德华医生"润眼灯这一提问做出结论性的回答；接着围绕这一结论分别说明理由，如从医师专业研发、光源由美国进口、光线舒服无频闪、抽检合格有效护眼等方面论述选择"爱德华医生"润眼灯的理由；最后在文末给出购买福利（三年免费保修服务）及购买链接。

案例二：带摇篮的婴儿床。

问题：带摇篮的婴儿床多少钱？

回答：儿童家具品牌有很多，价格也有较大的差异，若想拥有好的东西，就得多了解这些东西，建议了解其本质理念上的东西！不要怕浪费时间。在众多儿童家具品牌中，比较推荐的是××××定制家具。××××儿童家具是比较实惠的，××××（品牌名）携手意大利殿堂级设计师，精心设计儿童家具的每一个细节，为每一位萌娃量身定制梦想中的儿童房。××××儿童定制家具有四个核心设计要素：安全舒适、学习玩耍、收纳扩容、板材环保。××××家具 12000 名设计师在全国 500 个城市、800 家门店中成为万千爸妈一致的选择！ 2017 年××××与你一起遇见孩子心中的那个儿童房！推荐阅读：原来这才是孩子想要的儿童房，我们都错了！（该品牌文章链接）

【分析】

回答的内容与提问关联性不大。问题中询问的是带摇篮的婴儿床的价格，但回答的却是与儿童定制家具相关的内容，还生硬地进行广告植入。这种答非所问的回答，不仅不能起到真正的品牌推广作用，还容易造成用户对品牌的反感。因此，回答问题时应紧扣提问，在能够真正帮助用户解决问题的前提下植入相关的品牌信息，更利于用户容易地接受企业所做的推广。

针对上述"带摇篮的婴儿床多少钱"这个问题，可以采用以下思路回答：

现在市场上带摇篮的婴儿床价格不一，一般实木打造的带摇篮的婴儿床价格在 1200～3000 元，主要由木材和品牌知名度决定其价格幅度，而用板材材料打造的带摇篮的婴儿床价格在 300～2000 元。你可根据自己的接受度来进行选择，但建议购买时尽可能为婴儿选择实木材质。当然，如果你有更多需求，比如婴儿床定制或婴儿房整体定制，可考虑××××（品牌名）儿童定制家具。该品牌有四个核心设计要素：安全舒适、学习玩耍、收纳扩容、板材环保。目前，××××家具有 12000 名设计师，在全国 500 个城市、800 家门店，有 20 万个家庭为自己的孩子选择了××××家具。

实战训练

（1）现需给一个品牌名叫"象印"的保温杯设置问答，该保温杯的特点是能够保温 8 小时，你会如何设置问题和回答？请填写。

① 问题：

② 回答：

（2）尝试去百度知道回答一个问题，体验回答问题的流程。

4.3.4　悟空问答的软文写作技巧及案例

悟空问答是一个基于今日头条资讯平台的独立问答平台，其前身是头条问答——一个为所有人服务的问答社区。悟空问答平台目前已有 5000 万用户入驻，其中不乏社会知名人士。他们在社区分享自己的信息、经验、知识和观念；每天提问数超过 1 万条，贡献回答数超过 10 万条。这些问题和回答通过智能算法得以在网络上高效转发，浏览量超过 1.5 亿次。

今日头条代表性的大数据算法技术在悟空问答社区背后发挥着重要作用，让用户无需费心搜索就能查看到自己关心的问题和答案。此外，根据用户在社区内进行的回答、点赞、评论、关注等行为，用户将获得不同级别的系统评分，并影响其回答的推荐展示权重。凭借这一机制，悟空问答可以在海量回答中筛选出最有价值的回答展示给公众。

1. 悟空问答的写作技巧

（1）设置问题：问题的设置及描述应当真实、理性、客观，不带个人色彩；立意明确，有针对性，避免重复啰嗦，让用户更容易阅读和理解。问题的用语要精准规范，便于被系统收录并推荐给有相关需求的潜在用户。此外，问题设置还要适当地与热点及容易引起多数人共鸣的话题结合，以增强问题本身的话题度和讨论性，引起更多用户的关注。

（2）回答内容：回答要坚持原创，贴合题意，做到与提问紧密相连，避免涉及其他与问题毫无关联的内容。回答的内容要具体充实，做到言之有物，切忌泛泛而谈和毫无意义。此外，与百度知道不同，悟空问答的回答不能有过于明显的广告痕迹，不能直接放入推广及购买链接。

（3）回答框架：悟空问答中最常用的回答问题的形式是清单体验式，以分享个人的使用体验、经验和知识为前提，并列式地列出观点，更加全面详尽地解答问题。为了使表达更清晰、内容更易于理解，可以通过使用"首先、其次、再次……最后"等连接词或用数字"1、2、3、4…"进行罗列，并配上与内容相符的图片加以解释。

2. 悟空问答的案例

图 4-16 所示为悟空问答的案例。

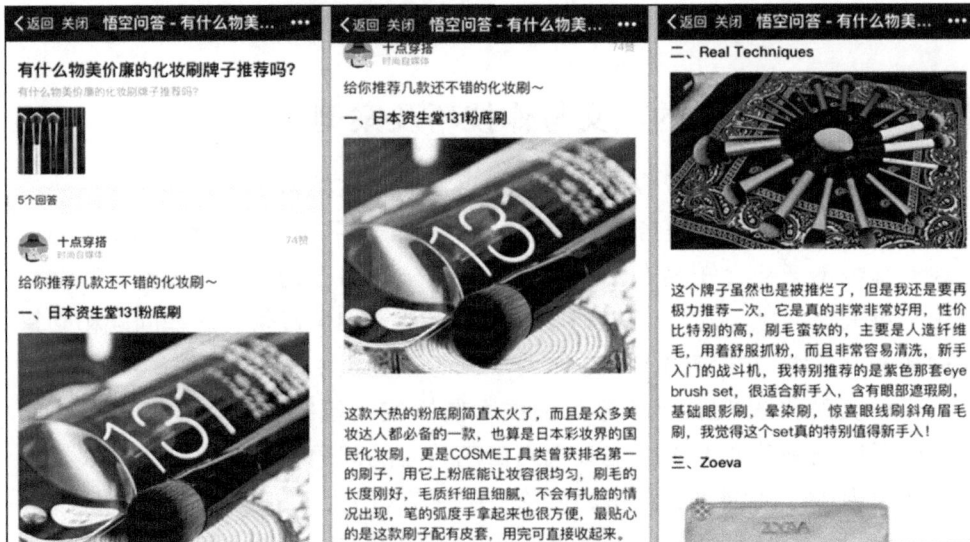

图 4-16　悟空问答的案例

【分析】

（1）设置问题：结合目标用户的需求——"物美价廉的化妆刷牌子"设置问题，言简意赅、直截了当地点明问题。此外，在问题中植入明确的分类或品类"化妆刷"，增加问题被用户看到的概率。提问中美中不足的一点是在问题描述处用了与问题一样的问句，没能充分发挥问题描述的作用。问题描述可以是对问题的补充说明，也可以简述自己的观点来抛砖引玉、引发讨论。在这个问答中，问题描述建议可以解释一下提问者认为的"物美价廉"的定义，如"价格在 500 元以内、至少能用 5 年的化妆刷"等，以确保问题已包含足够的信息量，这有利于用户获取更明确的答案，满足用户的期望。

（2）回答内容：以消费者或第三方的口吻，通过清单体验式一一列举推荐物美价廉的化妆刷品牌，给目标用户提供真实客观的建议，同时植入推广品牌的卖点。这种写法既能给目标用户提供更为全面清晰的信息，增强用户的信任感，使其产生购买兴趣，又能不露痕迹地植入广告，完成品牌推广、口碑引导等营销目的。

4.3.5　知乎的软文写作技巧及案例

知乎是一个真实的网络问答社区，用户分享彼此的专业知识、经验和见解。与百度知道有所不同的是，知乎平台更像一个论坛。用户围绕着某一感兴趣的话题进行相关讨论，提供高质量的信息；同时还可以关注兴趣相同的人。知乎平台鼓励在问答过程中进行讨论，以拓宽问题的发散性。相对于其他问答平台，知乎的回答较为系统、有深度，形成了鲜明的"知乎体"。

1. 常见的知乎体提问句式

（1）"××是一种什么样的体验"，如"南方人到北方读大学是一种什么体验？"

（2）"如何××"，如"如何评价由金泰亨、金南俊共同制作的单曲《四点》？"

（3）"如何看待××"，如"如何看待沃尔沃突然宣布停造纯燃油车？"

企业选择在知乎平台做问答营销，可在平台上选择与企业品牌或产品相关的问题进行回答，也可以主动提出与自己品牌或产品相关的问题，自己回答或邀请其他用户回答。

课堂讨论

在知乎上有一个问题"LEGO（乐高）有哪些经典款产品"。搜索阅读这个问题，你觉得这个问题是企业提出的还是网友提出的？为什么？

2. 常见的知乎问答的回答方式

（1）经历体：主要讲述和分享自己或朋友的故事、经历，并在故事中或故事末尾植入品牌或产品的推广广告。

案例：滴滴出行，如图 4-17 所示。

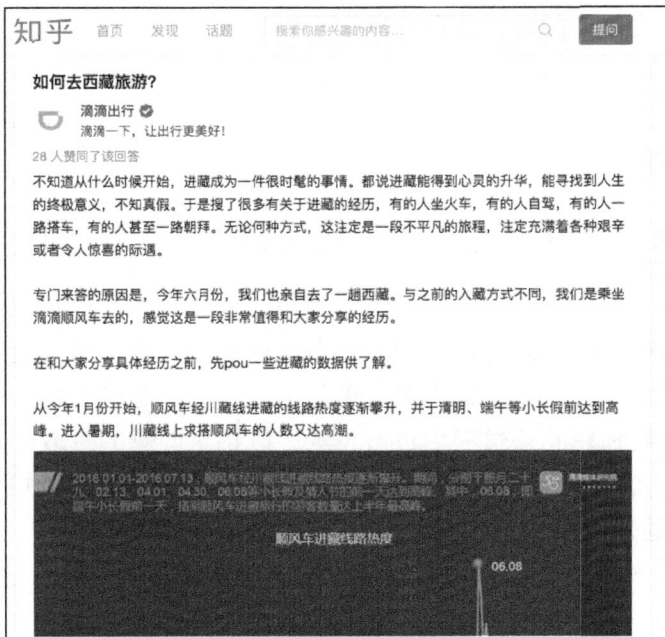

图 4-17　滴滴出行的知乎问答案例

【分析】

设置提问："如何去西藏旅游？"运用了经典的知乎体提问句式，为回答部分的讲述个人通过滴滴出行去西藏旅行的经历做铺垫。

回答内容：运用滴滴媒体研究院的调研数据分别对川藏线的热门起点城市及目的地、热门路线及入藏司机与乘客等方面进行分析，在为用户提供有用信息的同时展示滴滴顺风车出行的优点；并通过讲述自己乘坐滴滴顺风车进藏的经历及一路上遇到的有趣的人、发生的有趣的事，进一步验证滴滴媒体研究院的调研数据，有利于增强用户对滴滴顺风车的信任及对这种新兴结伴出游模式的兴趣。

拓展
阅读

搜索知乎"如何去西藏旅游"并阅读滴滴出行的回答全文。

（2）专业回复体：通过运用相关行业或领域的专业知识解答用户的问题，并在解答过程中植入广告，既能体现企业在相关问题上的专业性，又能实现企业品牌及产品推广的营销目的。

　　案例：海尔智慧生活，如图 4-18 所示。

图 4-18　海尔智慧生活的知乎问答案例

【分析】

　　设置提问：在问题中植入明确的品类"家电"，有利于增加有购买家电欲望的用户的关注。此外，问题中还加入能够迅速吸引用户眼球的字眼和词汇，如"堪比奢侈品"等，有效提升了问题本身的关注度和话题度。

　　内容回答：从专业的角度，以并列式的表达方式向用户推荐国内外堪比奢侈品的家电品牌。在介绍这些"高大上"的家电品牌及其主推产品卖点的同时，自然地植入企业及品牌信息，强化企业自身在该行业和该专业领域的优势，暗示消费者好几家国外知名家电品牌都已被海尔集团收购，如"美国GE""斐雪派克"等，可见其实力的雄厚和技术的专业，有利于增强用户的信任。最后引出海尔旗下的高端品牌"卡萨帝"及该品牌下产品的卖点，实现企业营销推广的目的。

拓展阅读

　　搜索知乎"家电界有哪些高大上的堪比奢侈品的家电品牌"并阅读"海尔智慧生活"的回答全文。

在上述问答中，海尔为何除了介绍自己的品牌和产品外还介绍了
其他的品牌？这种回答方式有什么作用？

// 4.4 个人社交类平台软文

随着社交网络的逐渐成熟，微信、微博等社交类平台积累了庞大的活
跃用户群体，越来越多的企业和商家纷纷将目光转向个人社交类平台。由
于个人社交类平台软文具有内容简练、操作简单、互动性强及可随时随地
查看等特点，企业和商家开始选择在个人社交类平台上进行广告投放和软
文推广。

4.4.1 个人社交类平台的分类

最常见的个人社交类平台主要有 QQ、微信及微博这三大平台。它们都
是人们日常生活中使用最为频繁的通信社交工具，但三者之间在用户群体、
传播范围及社会关系强度等方面存在着一些差异。

1. 主要用户群体不同

QQ 的主要用户群体是"95 后"的年轻群体，以学生和三四线城市的上
班族为主；微信的用户群体以一二线城市的白领为主；微博的用户群体则以
17～33 岁的青年群体为主。

2. 传播的范围不同

微博是一个全开放的社交空间，推广的软文和发布的信息能够被好友及
陌生人看到，其开放的特性有利于内容及话题的快速扩散。微博平台还拥有
大量的明星、知名媒体和关键意见领袖资源。因此，基于明星、关键意见领
袖创意内容的产出，有利于迅速提升品牌的知名度及影响力。相对微博而言，
微信朋友圈和 QQ 空间则是两个较为私密的圈子，有访问权限。微信朋友圈
发布的软文只能在自己的圈子内传播，只有相互认识的好友才能看到信息并
参与互动和评论。QQ 空间则是介于微信和微博之间，不是完全封闭也不是
完全开放的空间，允许朋友的朋友参与互动和评论。

3. 社交关系强度不同

微信朋友圈是用来管理"强关系"的,即熟人关系中的亲朋好友、同学及同事等真实的关系链;QQ 空间是用来管理你的熟人与不熟的人之间的关系链;微博则是用来管理明星、认证用户等"弱关系"的关系链。

4.4.2　个人社交类平台的三大特点

1. 用户体量大

据腾讯和新浪发布的 2017 年第一季度财报数据显示,QQ 月活跃用户数达到 8.61 亿人;微信全球合计月活跃用户数达到 9.38 亿人;微博月活跃用户数达 3.4 亿人。可见,QQ、微信和微博等个人通信社交平台已拥有庞大且活跃度高的用户群。凭借其用户规模的优势,QQ、微信和微博等个人社交类平台已成为人们日常联系和交友不可或缺的工具,成为企业和商家软文推广、信息发布和粉丝交流互动的重要平台。

2. 交流更便捷

QQ、微信和微博等个人社交类平台打破了传统的交流沟通模式,让人们的交流不受时间和空间的约束,实现实时的无障碍沟通。个人社交类平台的实时性和便捷性主要体现在两个方面:一方面,企业和商家通过平台实时发布软文及传递有效信息,让用户能够及时地了解所需产品的相关资讯和信息;另一方面,企业和商家能够一改往日单向传递的关系,通过平台实现与用户的互动,在了解需求和提供帮助中建立二者的关系,有助于提升用户的体验感及忠诚度。

3. 传播互动强

在 QQ、微信和微博等个人社交类平台发布软文,用户能随时随地查看软文,并对软文进行点赞、评论及转发。此外,用户还能查看好友对于该条软文的点赞和评论并与之互动,这既能满足用户与企业或品牌方的沟通交流需求,又能满足用户与好友互动分享的社交需求。因此,一条优质的软文在个人社交类平台发布,更容易获取用户信任、被用户分享及多次传播。

4.4.3　微信朋友圈软文写作的四种技巧

1. 文字精简,突出卖点

在信息碎片化时代,人们的注意力变得越来越难集中。据统计,人们的注意力只能维持 3 秒，这意味着用户看朋友圈软文的时间只有 3 秒。在这 3 秒内，能否用精简的文字突出产品的优点和卖点、迅速抓住用户眼球，是朋友圈软文写作的关键。

微信朋友圈软文虽然没有字数限制，但是超过 6 行的内容会被折叠，这就要求朋友圈软文的撰写者用最精简的语言，突出产品一两个最能吸引用户注意的核心卖点，而不是把产品的所有卖点都罗列出来。突出产品的卖点主要有以下两种表现方式。

（1）以场景叙述引出产品的卖点，促使用户产生代入感。如图 4-19 所示，这是一个关于别墅推广的朋友圈软文。通过对"别墅的院子"这一卖点进行包装，用图文结合的形式烘托出用户向往的居住环境，让用户仿佛身临其境。这则软文不仅吸引了大量用户的关注，而且一周内还促成了 6 套千万元别墅订单的转化。

图 4-19　微信朋友圈软文 1

（2）以问句引出产品的卖点，激发用户的好奇心。图 4-20 所示的软文用一个疑问句"会发光的房子，你见过吗？"巧妙地凸显产品的卖点，激发用户的兴趣与好奇。软文发布的当天，电话咨询量就超过 100 组。

图 4-20　微信朋友圈软文 2

2．内容借势，制造话题

软文内容的借势营销是指企业通过将自身的产品推广软文与具有新闻价值及社会影响力的热点人物或事件结合起来，从而增强软文的曝光度及用户的关注度，以求提高企业或产品的知名度和美誉度，树立良好的品牌形象，并最终促成产品或服务销售转化的目的。借势营销并不是所有的重大事件都必须"蹭热点"，需考虑该事件与自身品牌结合的合理性和贴合度。好的借势营销应该围绕自身的品牌或产品优势制造话题，让宣传推广如虎添翼，效果事半功倍。借势软文营销主要有以下三种方法。

（1）借助热门 IP 或明星效应，吸引用户眼球，引爆粉丝经济。如娱票儿App 通过范冰冰发布新电影《王朝的女人杨贵妃》的朋友圈软文广告，掀起了用户在朋友圈中的广泛围观和讨论，最终促成了电影票房销售，如图 4-21 所示。

（2）借助节日效应，唤起用户的情感需求，促成销售转化。如奥妙以母亲节为契机，用一则对话将用户带回到妈妈不辞辛劳为自己洗衣服的情境中，进而鼓励用户为妈妈洗一次衣服，从而引发用户共鸣，促成电商转化，如图 4-22所示。

图 4-21　微信朋友圈软文 3

图 4-22　微信朋友圈软文 4

（3）借助品牌的捆绑效应，巧借东风制造话题，提升品牌形象。如在宝马发布微信朋友圈首秀广告后，各大品牌掀起了"免费蹭车"的风潮。最先发起且影响最为广泛的是保健品行业的龙头企业汤臣倍健，其不花费任何成本就赚尽了眼球和好感，如图 4-23 所示。

图 4-23　微信朋友圈软文 5

3. 创意活动促进互动

通过在朋友圈策划有话题性的、共鸣性的、趣味性的、奖励性的多样化创意活动，能够吸引更多的用户参与互动。只有让他们充分参与到活动中来，实现良好的互动，才能增强彼此的联系。如绿箭利用简洁易操作的交互流程及趣味性的内容，打破了 UGC 互动类朋友圈软文的纪录，共有超过 60 万的用户创建及回复了话题，如图 4-24 所示。

图 4-24　微信朋友圈软文 6

课堂讨论

列举一两个你了解的品牌在微信朋友圈开展的创意活动，并分析其成功的原因。

4．善用评论增强信任

由于微信朋友圈的内容超过 6 行会被折叠，因此要善用朋友圈的评论功能。利用评论内容无折叠的优势，将被折叠的内容在评论区再发一遍，或将更多的重点信息补充完整，让用户能够更全面清晰地了解产品或服务，如图 4-25 所示。此外，在评论区对用户提出的常见问题进行解答，增强企业与用户之间的互动，有利于打消用户疑虑，获取用户信任，从而提升产品的成交率。

图 4-25　微信朋友圈软文 7

4.4.4　微信朋友圈软文案例解析

案例一：吉列剃须刀，如图 4-26 所示。

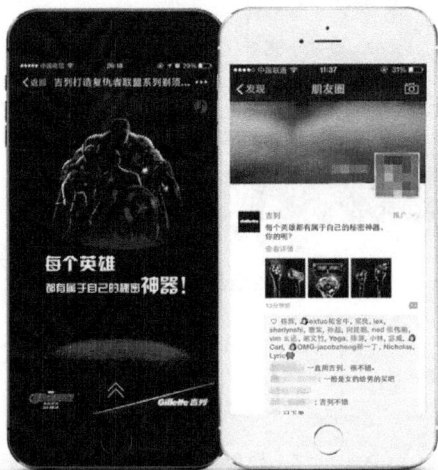

图 4-26　微信朋友圈软文案例 1

【分析】

1．文字精简，突出卖点

软文用一个精简的疑问句"每个英雄都有属于自己的秘密神器，你的呢"引出产品，配以彰显产品特点的产品图片，激发用户的好奇心和阅读兴趣，让用户进一步点击查看软文详情。

2．内容借势，制造话题

吉列剃须刀借当时《复仇者联盟 2》热映的 IP 资源，巧妙地利用每位男性用户都有一个英雄梦的心理，推出四款以漫威英雄人物为原型的"吉列复仇者联盟珍藏限量版剃须刀"，将吉列顶尖科技和钢铁侠、绿巨人、美国队长及雷神四大英雄人物的特点完美地融合在一起。这一系列剃须刀的软文在朋友圈一发布，便引起用户的广泛点赞和热议，最终促成了 30 多万元的销售转化。

3．创意活动促进互动

文末结合福利活动，扫二维码玩游戏赢吉列复仇者联盟珍藏限量版英雄套装，有助于促进用户参与互动，进而强化软文的二次传播效果。

案例二：百事可乐，如图 4-27 所示。

图 4-27　微信朋友圈软文案例 2

【分析】

1．文字精简，突出卖点

软文用一句符合用户当下场景的疑问句"谁的手机没密码，怎么里面全是他"引起用户的注意，配上李易峰代言的全新百事"挑赞罐"图片，引出百事的创意"挑赞"活动和免费福利。

2．内容借势，制造话题

借着电影《栀子花开》的话题热度及其主演李易峰的明星效应，迅速抓住用户眼球。通过推出全新系列主题包装的"百事挑赞"罐，重塑百事可乐品牌在年轻人心目中炫酷的形象，从而提升用户对品牌的认同感和品牌曝光度。

3．创意活动促进互动

"90后"的年轻人是极具个性和主张的一代，他们喜欢在社交网络上表达观点和展现自我，而"点赞"是他们直接表达认同感的网络语言。因此，百事跨界"90后"关注的娱乐领域，共同推出由电影《栀子花开》主演李易峰代言的"挑赞"活动，号召用户参与到李易峰相册点赞的互动中，并以电影《栀子花开》的免费观影票作为互动福利。当红明星代言，加上新颖有趣的相册点赞活动以及易得的电影票福利，促使用户积极参与活动，共有超过200万用户参与到这次互动活动中来。

实战训练

请运用上面提及的写作技巧，给京东"618"购物节写一则微信朋友圈广告。

4.4.5 短微博软文写作的三种技巧

比起那种连篇累牍的长软文，人们更愿意接受碎片式的阅读形式。因此，精简的短微博软文更容易引起用户的兴趣。短微博软文指的是限制在140字以内的软文，这就要求软文撰写者在字数范围内提炼精华，用最为简洁有趣的语言把信息有效地传达给用户，用最短的时间抓住用户的眼球，从而促成转化。

1．制造话题增强曝光

微博作为人们日常分享交流的一个社交平台，企业通过在微博平台上制造有热度、富有趣味的个性化话题，可以快速引起用户热议及互动讨论，促使用户自发地进行口碑传播，大大提升品牌的曝光度及企业的知名度，最终促成流量向销量的转化。在微博上发布的话题主要分为两类。

一类是根据定位发布话题，指根据企业自身的目标客户和品牌定位，制造与其品牌理念相契合的话题，突出其品牌或产品的优势及卖点。例如，OPPO 为推广 R11 手机，发布了关于#会拍照的男朋友#的话题，如图 4-28 所示，一方面能充分凸显 OPPO R11 强大的拍照性能，另一方面能引发更多目标用户参与话题讨论及互动。微博"大 V"和知名的关键意见领袖也纷纷加入话题互动及传播，让话题热度持续不减，不断刷新围观用户的数量，大大提升了企业及品牌的影响力和知名度。

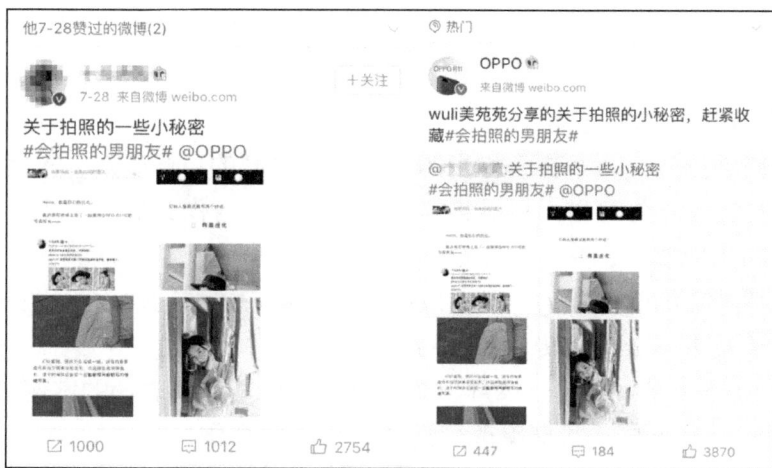

图 4-28　短微博软文 1

另一类是借助热点发布话题，指企业通过在微博的"热门微博""热门/超级话题"及"微博热搜榜"处搜索到当下的热门话题，找到与自身文化和品牌相契合的热门话题，并将两者的共同属性结合起来，借势营销，有效增强品牌的曝光度及用户的关注度。图 4-29 所示为一则借势航天新闻热点事件实现流量向销量转化的案例。在"天舟一号"发射的节点，作为中国航天指定乳品的蒙牛冠益乳，在第一时间抢占#天舟一号#、#天舟一号发射#、#关注天舟一号#三大热门话题，用户关注此话题就能关注到蒙牛冠益乳，实现品牌与航天热点事件的强关联，进一步提升品牌的曝光度及促进流量向销量转化。

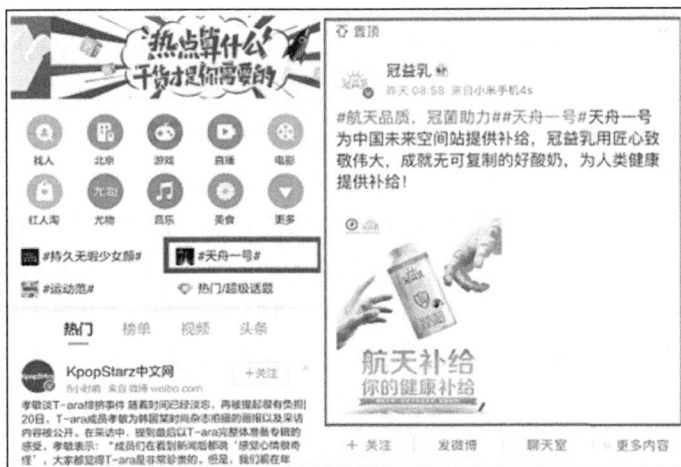

图 4-29　短微博软文 2

2．品牌联动优势叠加

品牌联动指的是两个实力相当的品牌基于共同的目标受众，通过寻找最佳的合作点，互相借势借力，最终实现优势叠加，合作共赢。企业通过发布品牌合作的微博软文，充分发挥合作品牌双方的势能及平台优势，实现品牌联动与微博造势的强势互动，迅速成为媒体和用户关注的焦点，达到共同提升品牌价值及进一步促成转化的目的。

图 4-30 所示是一则关于摩拜单车与欧莱雅中国品牌联动的案例。欧莱雅中国在微博上宣布与"共享单车"品牌摩拜跨界合作，共同发起以#绿色十月，美丽共享#为主题的活动，参与的用户通过发布摩拜单车的骑行行程截图来兑换欧莱雅防晒系列产品的优惠券。这两大品牌联合营销，既倡导了摩拜推广的"绿色出行"生活理念，又解决了用户骑车出行时户外防晒的需求，真正实现了互利共赢的目标。

3．明星效应促进转化

明星本身就自带流量及话题传播的属性。如果短微博软文能够借助明星的影响力和号召力，迅速引爆粉丝能量，充分释放品牌主张，形成涟漪式传播，就更容易完成明星粉丝向品牌粉丝的转化，实现品牌声量与市场销量共赢。短微博软文的明星效应主要表现在以下两个方面。

图 4-30　短微博软文 3

（1）明星代言爆品

企业选择与品牌形象相契合的明星作为形象代言人，充分发挥明星效应来引爆粉丝互动，进一步提升用户对品牌的好感度和信任感，最终促成从明星粉丝到品牌购买者的转化。许多品牌还推出明星定制限量产品，例如，OPPO R7 就联合代言人李易峰推出了"喋喋 phone"限量定制版手机，如图 4-31 所示。在微博上一经发布，立刻引起李易峰粉丝们的关注。与此同时，OPPO 趁势推出 0 元预约新机活动，预约成功者还可免费获取李易峰专属微博皮肤，极大地调动了粉丝们的热情。抢购当天就创下了 5 分钟卖掉 500 部手机的佳绩。

图 4-31　短微博软文 4

（2）借势明星热点

借势明星热点主要从两个方面着手。一方面是从品牌代言明星的自带热点着手，这是指明星在品牌代言期间，其自带的所有热点话题都成了品牌借势的好由头。例如，杨幂在担任雅诗兰黛亚太区代言人期间，正值她主演的电视剧《三生三世十里桃花》热播。雅诗兰黛借此热点，推出了一款与剧中杨幂所饰角色唇色相近色系的唇膏，并将其包装命名为"桃花色"，在微博上举办了#十里桃花妆#美妆大赛，吸引了大量的美妆达人参与活动，实现品牌、明星及其热播剧中角色的强关联，做到品牌声量与市场销量共赢，如图 4-32 所示。另一方面是从明星当下的热点事件着手。例如，范冰冰与李晨发布他们两人在一起的微博后，各大品牌纷纷借此热点话题造势，在微博上掀起了一场营销盛宴，如图 4-33 所示。

图 4-32　短微博软文 5

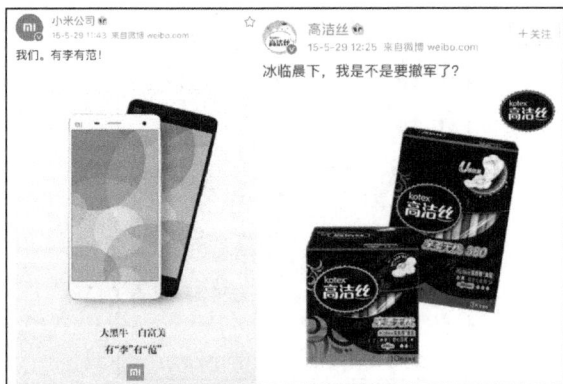

图 4-33　短微博软文 6

4.4.6　短微博软文案例解析

案例：Canon 佳能 EOS M，如图 4-34 所示。

图 4-34　短微博软文 7

【分析】

1. 明星效应

鹿晗逢五必发微博与粉丝互动，因此"星期五"成为鹿晗粉丝的福利日。

恰逢鹿晗主演的电视剧《择天记》和《跑男第五季》如火如荼的宣传期，因此，佳能巧妙借势其品牌代言人鹿晗的"明星效应"及"星期五效应"，联合微博打造了一场别样的"感动营销"，成功引爆鹿晗粉丝的能量，全方位完美地塑造了佳能年轻时尚的品牌形象。

2．制造话题及事件

（1）佳能首发#鹿晗 xEOSM#话题，预告星期五有更大的惊喜。鹿晗工作室随即转发，吸引粉丝广泛关注。

（2）微博开机报头用一句"鹿晗：我只选佳能"，紧密地将代言人鹿晗与品牌形成强关联，抢占流量入口，让佳能的品牌曝光水到渠成，并形成热点。

（3）星期五鹿晗固定发博日，发布趣味"短微博+魔术 TVC"，并号召粉丝"快把我带走"，激发粉丝互动高潮。与此同时，各路粉丝团、媒体"大 V"、知名关键意见领袖也前来助阵，品牌热度不断攀升。

（4）微博一键搜索"鹿晗"关键词，即可触发鹿晗和佳能动态彩蛋，粉丝纷纷截屏发微博炫耀，为佳能的新品促销强势引流。

通过深度捆绑热点词、充分发挥明星效应及优质资源的共同助力，迅速扩散话题的影响力，让明星粉丝转化为品牌粉丝，实现品牌声量和市场销量共赢。

实战训练

　　在微博上寻找当下的热点话题，给小米运动手环写一则短微博软文（字数不超过 140 字）。

// 4.5 社群类平台软文

　　一个优质的与用户产生良性互动的社群，具备较强的用户黏性。企业通过社群软文营销，为用户提供能满足他们需求的品牌或产品，迅速地与用户建立信任和传递价值，让用户对企业品牌或产品的理念和价值产生认同感和归属感，进一步促进企业品牌或产品的裂变式传播和销售。目前，社群软文营销最常见的载体要数 QQ 群和微信群，其蕴含的商业潜力不容小觑。

4.5.1　社群是什么

大部分人会因为不同的原因加入一些社群。例如，一个班级为了便于沟通，会有班级群；一个热爱足球的人，会主动寻求加入足球俱乐部社群；爱读书的人会加入阅读群。基于某个人、某件事，都能形成一个社群。那么，社群到底是什么？

社群这个概念早就存在，我们通常所说的村子，就是基于血缘和地缘的典型社群。社会学家费孝通有一种说法：乡村社会的结构就是一个以血缘为基础的同心圆状的圈层组织，这个圈层以族长为中心，按亲疏关系形成差序格局，就好像丢一颗石子在水面，以这颗石子的落点为中心，一层一层荡漾开去的涟漪，就是我们传统人际关系的结构。在现实生活中，社群类似于俱乐部。如车友会、高尔夫俱乐部等形式，即由某个核心成员或商家发起。

社群与社区不同，社区是 PC 互联网时代的产物，如天涯社区、百度贴吧等。社区成员之间的联系并不密切。如鹿晗的百度贴吧，加入贴吧的都是鹿晗的粉丝，但粉丝和粉丝之间不一定都互相认识。而社群则是移动互联网时代的产物，社群成员之间有较深的社交关系，有群体归属感，如主流微信群、QQ 群，此外还有新浪微群、陌陌群等。如今，很多微信群设置了进入门槛，限制甚至减少了入群人数，有效增大了群组成员之间相互认识的概率，交流互动也更为频繁，信任感也相应增强。在信任感倍增的社群中做软文营销，更有利于销售转化。

实战训练

假如你负责一款低脂奶的社群营销推广，你会选择以下哪个社群？为什么？

（1）插花学习群。

（2）"每月瘦 2 斤"的减肥食谱群。

（3）某品牌健身俱乐部群。

（4）产后妈妈塑身群。

4.5.2　QQ 群与微信群的区别

目前，社群软文营销的主要阵地在 QQ 群和微信群。二者虽同为社群，但在主流用户的年龄层、社群的开放度及功能设置等方面都存在着差异。因此，作为社群营销人员，应根据自身的产品或服务的目标人群选择相应的社群进行软文营销，并根据社群的特点撰写软文。

1. 主流用户不同

QQ 群的主流用户相比微信群的主流用户年龄更小。据腾讯科技和企鹅智酷的大数据显示，在使用 QQ 的用户中，"95 后"用户占比最高，其应用场景以社交和娱乐为主；而微信用户的主力军是"80 后"和"90 后"的职场人士，其应用场景以职业社交和办公为主。因此，企业选择社群进行软文营销时，应选择与产品目标用户年龄层相符的社群。例如，要推广一款个性化的音乐耳机，选择 QQ 群进行推广会比选择微信群效果更优。

2. 开放度不同

QQ 群比微信群的开放度更高。QQ 用户只需通过在 QQ 搜索框搜索群号或关键词即可查找到相关的 QQ 群；而微信群则相对封闭，只有通过扫一扫微信群的邀请二维码才能入群，二维码的时效只有 7 天，并且超过 100人后就需要内部人员单独邀请才能入群。此外，QQ 群的规模比微信群规模要大。QQ 群的人数上限为 2000 人，群内成员不一定相互认识；而微信群的人数上限仅为 500 人，群内成员以熟人居多。因此，基于熟人社交的微信群更容易建立群员彼此之间的信任感。近年来，微信的社交关系也在从链接亲朋好友等熟人的"强关系"社交向"弱关系"的泛工作关系社交延伸。

3. 功能设置不同

QQ 群与微信群在群成员权限、群公告、群玩法等功能设置方面也有很多不同。在 QQ 群中，群主拥有最大的权限；其次是管理员，上限为 2000人的 QQ 群最多可设置 15 个管理员，管理员可以踢人、禁言、上传群文件等。而在微信群中无法设置管理员，只有群主拥有群管理权限。在群公告方面，QQ 群允许发布及置顶多条公告，每条可设置 15～500 个字符，支持文字、图片、表情及视频发布；微信群单次只可发布一条公告，每条可设置 2000个字符。在群玩法和功能方面，QQ 群比较完善，如具备群公告、群收款、群签到、群活动、群投票、群订阅、群相册、文件共享、匿名聊天、视频聊天、送礼物、音乐、名片、收藏等功能；而微信群则相对比较单一，如提供群红包、群收款等功能。

4.5.3　三种方法玩转社群软文

不同类型的社群，所使用的软文营销方法不同，可植入的广告类型也不同。一般而言，社群类型有以下三种。

1. 产品品牌类社群

产品品牌类社群是指基于对同一产品或品牌的认同和热爱而建立的社群。例如，小米、锤子、苹果等粉丝社群，都是以产品或品牌为媒介，连接及促进企业与粉丝之间以及粉丝与粉丝之间的互动沟通。产品品牌类社群既有由产品或品牌官方创建的，也有由粉丝自行创建的。此类社群的成员对产品或品牌的认可度较高，可在社群中直接发布与产品或品牌相关的广告及促销活动信息等。图 4-35 所示为某水果店在社群中直接发布水果促销活动的广告，触发群成员参与预售接龙购买水果。其中，左图为群主发布的水果促销信息，右图为有需求的群成员自发填写信息，参与预售购买。

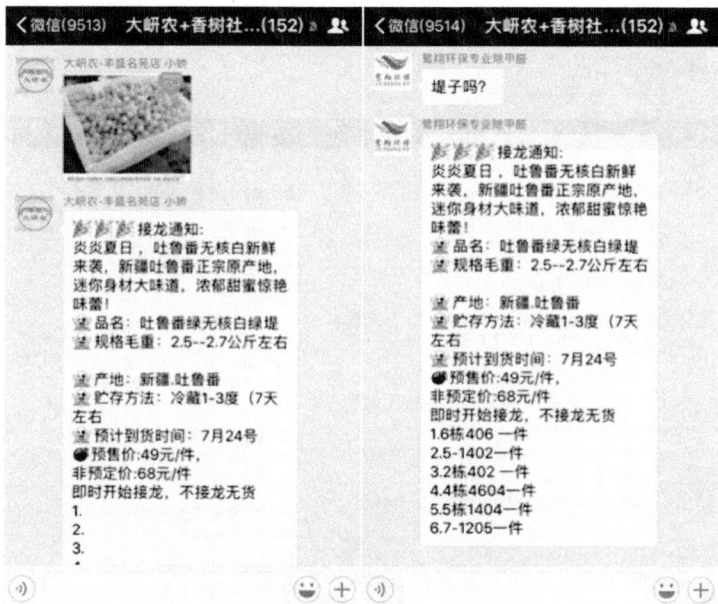

图 4-35　社群接龙销售产品

此外，还可适当发布与产品相匹配的周边或同一品牌下不同产品的信息，如在某计算机的产品社群中，可适当植入与计算机相关的周边产品的推广信息，如电脑包、计算机屏幕保护膜、鼠标、耳机等。如小米的品牌社群中，除了小米手机外，还可适当植入小米品牌旗下的其他产品，如小米手环、小米空气净化器、小米智能家居产品等。

2. 学习成长类社群

学习成长类社群是指基于某一种或多种学习和成长目的而建立的社群。学习成长类社群主要分为知识类社群和成长类社群。知识类社群主要以学习知识为出发点，如霸王课、秋叶 PPT、职场充电宝、选择自己等学习类社群，群成员均为了学习某一主题课程而加入社群，社群软文可由与营销产品主题相符的课程主讲老师进行推荐。例如，课程的内容是讲解工作型 PPT 的制作要点和技巧，则可在课程结束之后分享 PPT 系列课程的软文进行推广。而基于对创始人或群主的强烈认同感或被其人格魅力吸引而形成的知识类社群，如罗辑思维、吴晓波频道社群、知识 IP 大本营等，社群软文则可直接由意见领袖或群主发出，但发出时应与当前群聊主题相统一。例如，群内成员正在聊新媒体运营的话题，此时意见领袖或群主可在分享方法的同时顺势抛出新媒体丛书的购买链接。此外，还可以在社群提问中带出广告，即在问题中融入广告，如图 4-36 所示。

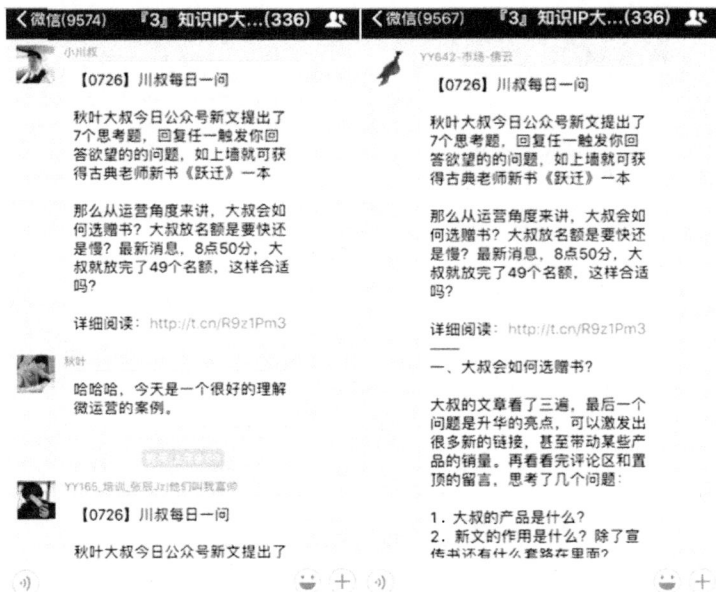

图 4-36　在社群提问中带出广告

成长类社群，如 BetterMe 大本营、行动派、剽悍行动营、ScalersTalk 成长会、彭小六梦想早读会等社群，都是通过社群的力量来增强群员学习及行动的积极性。这类社群强调良好的习惯养成以及陪伴成长的力量。社群成员通过互相陪伴和监督，共同达成一个目标——变成更好的自己。成长类社群的群员拥有共同的价值观与爱好，因此在群里讨论购物话题时往往容易带来从众效应。

3．特定标签类社群

特定标签类社群是指基于兴趣爱好、行业交流、同城交友、社群团体等特定标签而建立的社群，如摄影爱好者社群、营销广告交流群、同城驴友群、小区业主群、母婴育儿群等。此类社群一般采用两种方式进行社群软文营销。一种是多个群员配合推荐的方式，从而达到广告带出，实现销售转化的效果。如要在母婴育儿群中销售某品牌的纸尿裤和小儿护臀膏，常见的方法是由一个宝妈群员在群内发问"宝宝得了红屁股，有什么办法解决吗？"另一个宝妈群员则配合回复"我家孩子之前也得了红屁股，换了某品牌的纸尿裤后，这种症状明显改善了。我还同时给孩子涂了某品牌的小儿护臀膏，红屁股就消失了。"紧接着其他几个宝妈群友附和，表示她们也是用的这个牌子的纸尿裤和小儿护臀膏，效果确实很不错；随即抛出购买链接。

另一种方式是在社群中分享与社群调性相符的主题内容，并在分享结束后推荐产品或服务。如某连锁便利店在美食烹饪的社群中邀请专家分享如何挑选牛排及烹饪技巧，并在分享结束后以发福利的形式把产品销售出去，如图 4-37 所示。

图 4-37　美食社群分享内容后推出广告

4.5.4 社群软文营销案例解析

社群软文营销看似较为简单，但实际操作时，如分享前的进群原则和话题预热，分享时的互动分享和专人控场，分享后的广告带出等，每个营销环节都需落实到位，确保工作安排滴水不漏，就连社群分享的老师在群内分享的内容也可能是一篇有效的社群软文。

1．社群软文营销八大环节解析

下面以阳米科技在社群中为销售线上课程《黄金人脉一课通》而做的软文营销为例，分析社群软文营销过程中需要注意的八大环节。此次社群软文营销的主要形式为邀请课程开发的老师在微信群进行免费分享，从而推动课程的销售。

（1）设置门槛，扩大影响

设置人脉分享课的入群门槛，通过分享课程的宣传海报到微信朋友圈，即可获得免费入群资格。将课程的宣传海报分享到微信朋友圈作为入群门槛，既有利于增强仪式感，让进群的人更重视本次社群分享，也有利于扩大本次社群活动的影响力。此外，社群工作人员与报名人员沟通时，语言中充满人情味，让人备感亲切，如图 4-38 所示。

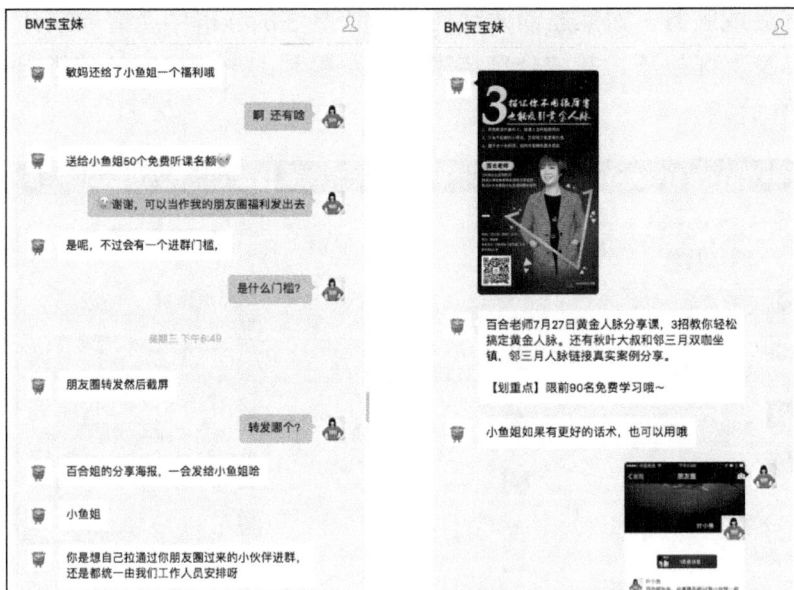

图 4-38　工作人员发布入群门槛

（2）预告活动，提供链接

提前一天建群，群员进群后，工作人员向其发布本次社群活动的信息，如图 4-39 所示，告知群员此次社群活动的重要性，同时预告活动和分享讲师及嘉宾的信息。与此同时，工作人员还发布了"自我介绍模板"，主要包括"昵称、坐标、职业、技能、能提供给大家的帮助、我想勾搭本群的人"等信息。这些信息都能让群员快速了解发布自我介绍的人，降低沟通成本。其中"能提供给大家的帮助"更有助于其他成员主动链接自我介绍的人，而"我想勾搭本群的人"则会促发下一个成员继续发布自我介绍。

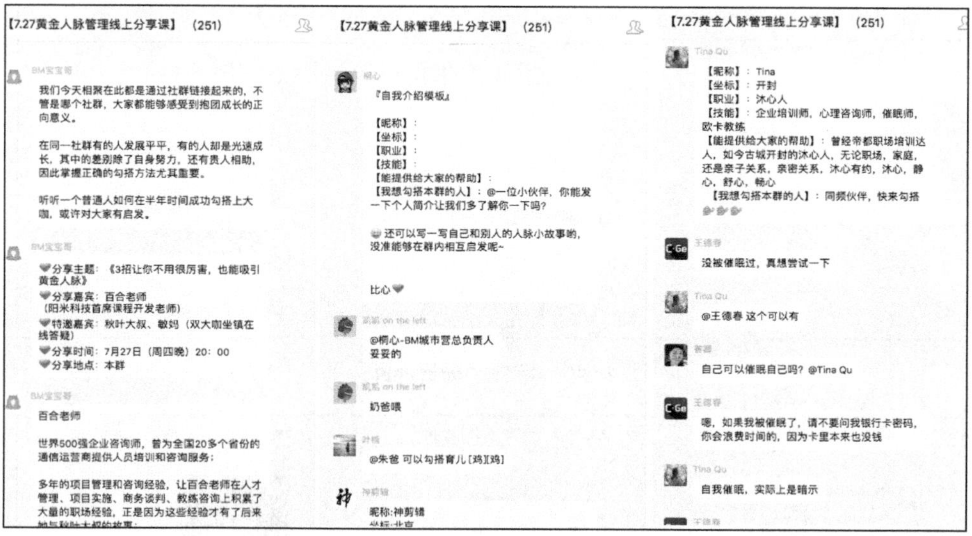

图 4-39　活动信息发布及群员互相认识

（3）话题互动，提前预热

在群员之间有基本的了解之后，发布与人脉主题内容相关的"每日一问"，让群员吐槽或分享一个失败的人脉勾搭案例。为避免冷场，工作人员先抛出自己遇到的失败案例以引发群员讨论和互动。在活动正式分享前，通过有情景感和参与感的话题讨论调动群员的积极性，引导群员上线参与话题互动，提前进入交流讨论的氛围，如图 4-40 所示。

（4）开场提示，强调规则

活动开场前，在群内反复通知社群活动的时间及内容等信息，提醒群员按时参加，避免因群聊信息过多而导致错过活动通知。此外，开场前还需强调群分享规则，告知群员在讲师和嘉宾分享过程中不要插话，分享结束后会有答疑环节，以便确保讲师和嘉宾的分享不被影响和打扰，如图 4-41所示。

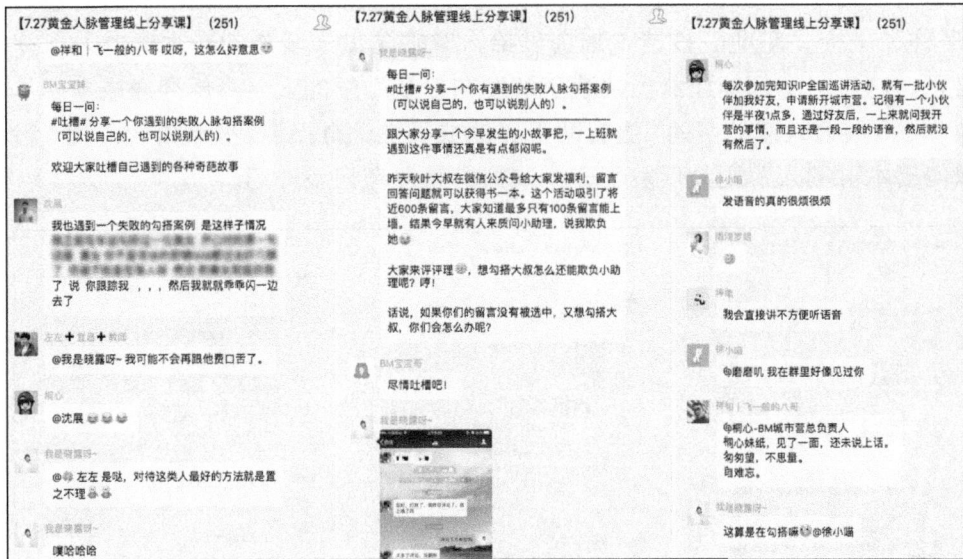

图 4-40　群内"每日一问"

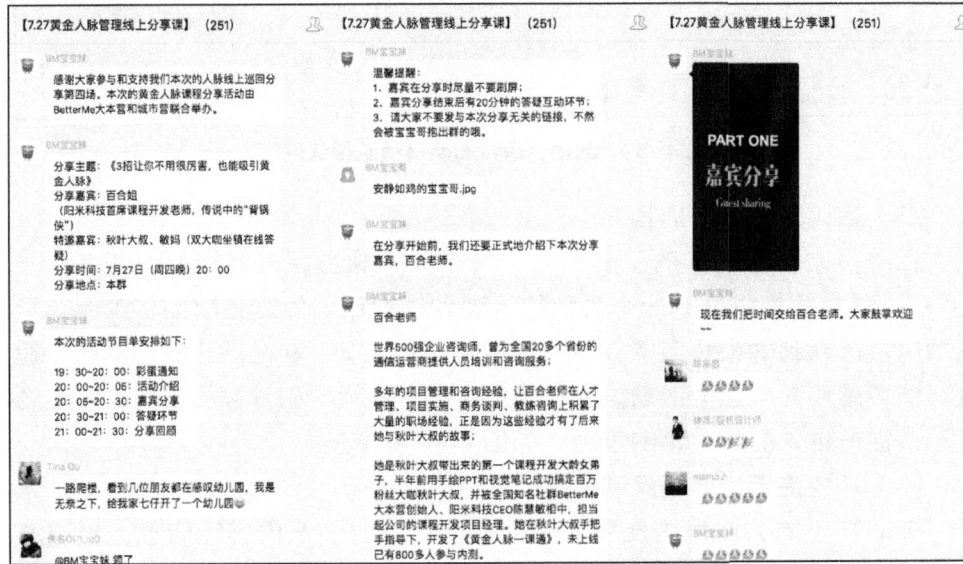

图 4-41　活动开始前的信息发布

（5）分享干货，诱导互动

活动分享时，讲师和嘉宾采用提问式的干货分享模式，提前设置互动诱导点，有意识、有节奏地与群员进行互动，如让群员回复数字"1"表示认同分享的内容或表示正紧跟着分享讲师的节奏等。此外，在每一位讲师或嘉宾分享结束后，工作人员都会将这一环节的分享记录整理后及时发出，以便晚来的群员直接查看，如图 4-42 所示。

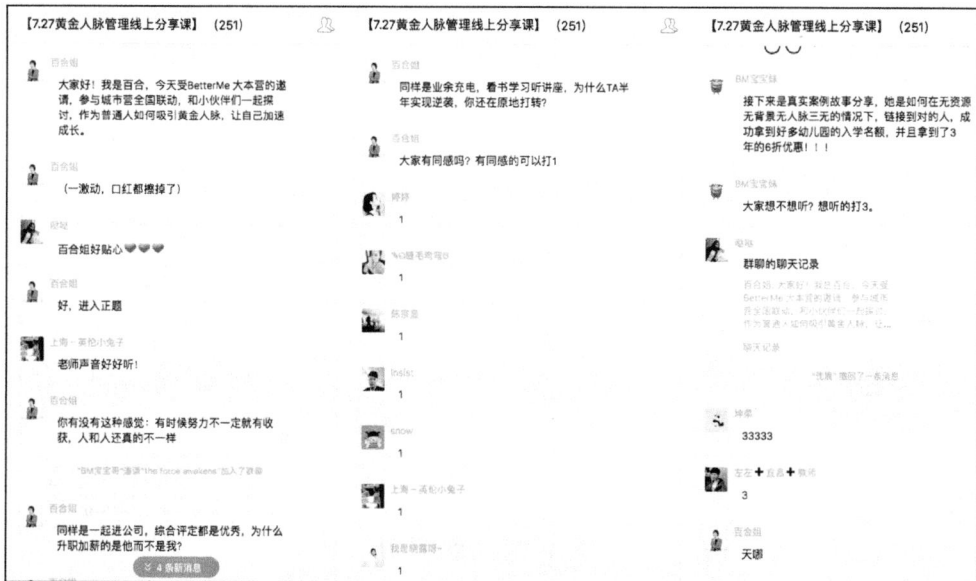

图 4-42　有节奏的互动和相关信息整理

（6）广告带出，口碑晒单

活动分享结束后，工作人员轮流发红包将群内气氛推向高潮，群员也纷纷发红包感谢讲师及嘉宾分享。在抢红包之际，安排工作人员及已经购买黄金人脉课程的群员分享课程精华，并自然地引出课程截图及购买链接，如图 4-43 所示。与此同时，工作人员鼓励群内已购课程的其他群员分享学习课程所得及截屏晒单，有利于积累口碑，促进销售转化，如图 4-44 所示。随着越来越多的群员购买课程及持续晒单，进一步刺激还没购买的群员完成购买，如图 4-45 所示。

图 4-43 学员晒单，自然引出广告

图 4-44 广告信息及学员评价

（7）整合信息，增进联系

活动分享结束后，工作人员将群员的个人信息按"职业"与"地域"归类划分并发布到群中，既有利于群员之间更快速地相互认识、主动连接，还为同城群员提供线下见面的机会，如图 4-46 所示。此外，活动结束后的第二天，发布分享课的汇总信息链接、课程购买链接、常见问题答疑链接以及第三天要解散群组的通知，以便错过分享或想要重听的群员回顾课程，鼓励群员在群解散前抓紧时间主动链接，如图 4-47 所示。

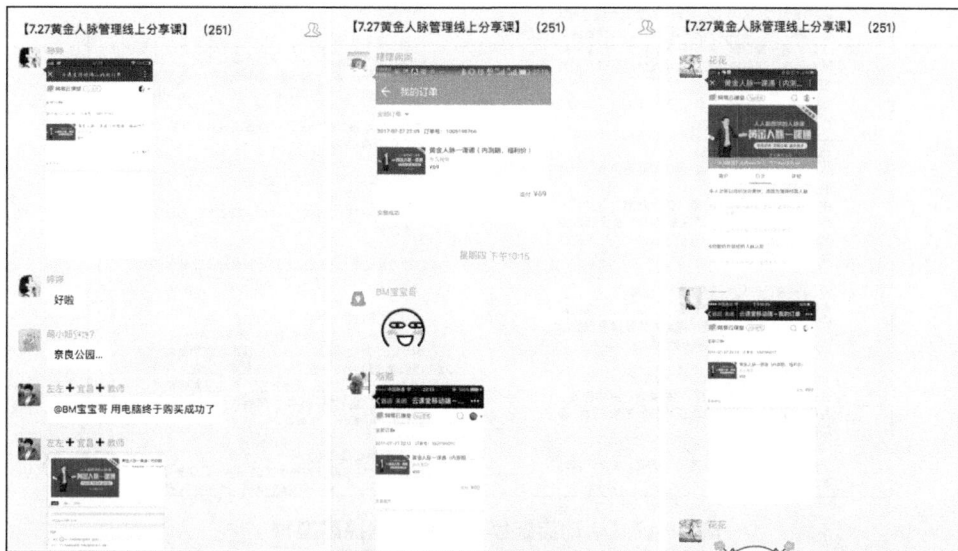

图 4-45　群员晒单

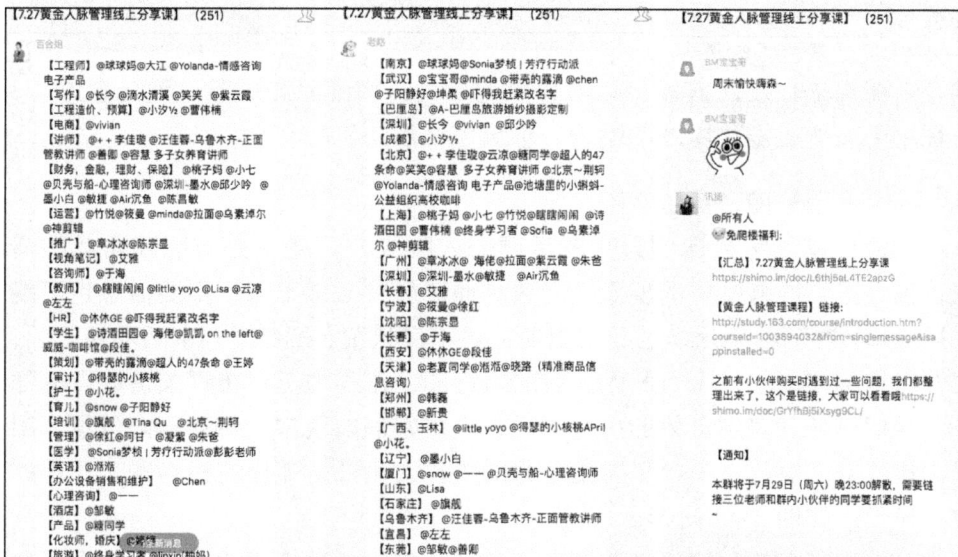

图 4-46　活动后延续，让群员互相连接及整合信息

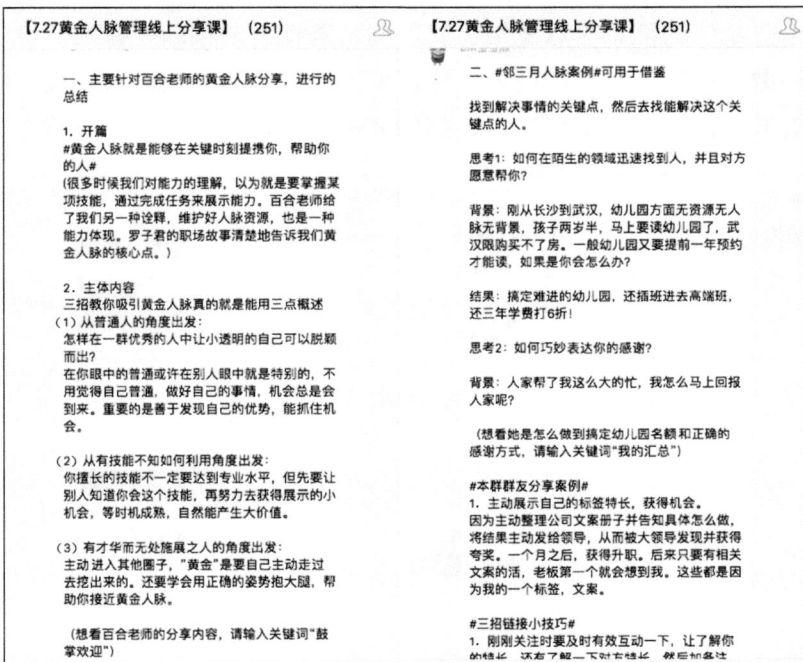

图 4-47 活动后延续，分享总结提醒爬楼

实战训练

　　如果由你发起群聊，以群分享的形式销售商品或服务，若分享过程中无人响应发生冷场的情况，你会怎么解决？

　　（8）后台控场，营造氛围

　　社群分享常常会遇到分享的话题无人响应，只剩主办方唱独角戏的情况；也会遇到群聊刷屏的现象，导致其他群员参与感不强，重要信息也可能会被刷掉。为了避免分享过程中出现上述不良状况，在社群分享活动开始前，主办方内部应成立一个 10 人左右的执行群，在群内提前布置关键节点的任务，并把任务落实到具体的执行人员，维持好群内秩序，带动群内气氛，引导销售成交。执行人员除了有主办方的工作人员外，还应有已经购买课程的忠实粉丝，如图 4-48 所示。

　　以上是完整的社群软文营销八大环节。其间，运用相关技巧以及人员之间的配合，将系列课程顺理成章地销售出去，让销售痕迹较为隐蔽。

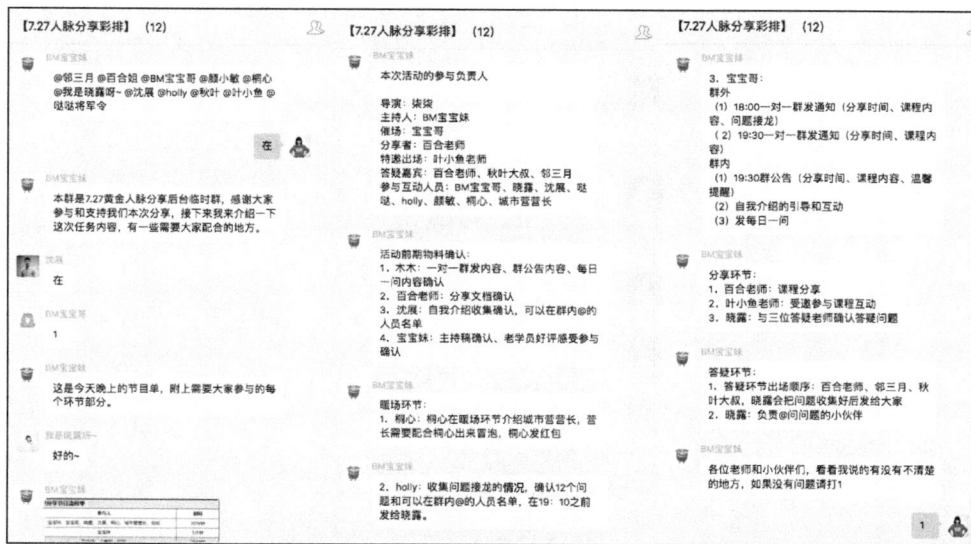

图 4-48　社群营销后台安排

2．社群分享稿解析

分享者在社群中的分享内容本质上就是一篇软文。相比其他平台发布的软文，社群分享形式多采用小段文字或语音连续发送，并且更加强调与群员之间的实时互动。在内容主题的选取上，则会选择与所需销售的产品密切相关的内容。例如，本次销售的课程产品为《黄金人脉一课通》，社群活动分享的主题则是《3 招让你不用很厉害，也能吸引黄金人脉》。

（1）简明扼要，直入主题

讲师开场时用一句话简明扼要地介绍自己及交代分享背景后进入分享主题，即"普通人如何吸引黄金人脉，让自己加速成长"，有利于让群员快速进入上课状态，不会因开场拖沓冗长而失去耐心和注意力。

（2）切入痛点，引发共鸣

抛出话题"有时候努力不一定有收获，人和人真的不一样"，引导群员按照分享者的思路去思考。在群员对此观点产生认同感的基础上，进一步描述职场人群、全职家庭主妇常会遇到的痛点场景，让群员将自己代入情景中，从而引发情感共鸣，如图 4-49 所示。

图 4-49 社群分享稿 1

（3）借助热点，重释定义

借助热播电视剧《我的前半生》中男女主角的对话，吸引群员的关注，从而引出话题讨论，并重新诠释黄金人脉圈的定义，提出普通人吸引黄金人脉需思考的三个问题，即从"周围都是厉害的人""只有不起眼的小特长"以及"圈子太小太封闭"三大障碍出发设置课程分享大纲，有利于吸引群员注意，以引发共鸣，激发想要继续深入了解的兴趣，如图 4-50 所示。

图 4-50 社群分享稿 2

（4）真实案例，分别论述

在干货内容的分享方面，围绕着这三个场景提问，用亲身经历的真实案例进行解答，有助于把问题讲解得更具体清晰到位的同时增强说服力。在内容结构的布局方面，主要采用"提出问题—案例分析—总结解答"结构，图文并茂地对三个问题分别展开论述。其中，在每个要点分享开始前，会发布该环节讨论问题的图片以突出主题；每个要点分享完毕后，都会对问题进行总结，并用"【敲重点】"这类词汇及图片的形式来强调内容的重要性，引起群员注意，如图 4-51 所示。此外，为降低群员的阅读压力，创造更好的"屏阅读"体验，群内分享内容多以短句的文字形式出现。

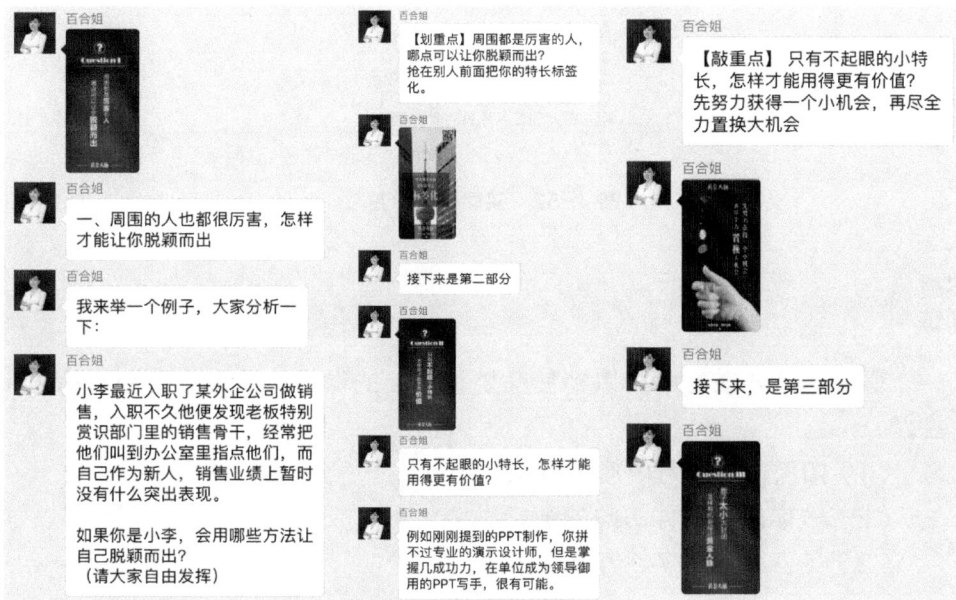

图 4-51　社群分享稿 3

（5）嘉宾分享，积累口碑

嘉宾通过分享自身运用人脉解决孩子上幼儿园这一引人关注的话题，迅速抓住群员的眼球；通过干货和价值的输出，增强群员对分享的满意度，有利于形成良好的口碑效应，为后续促进付费课程购买率的增长做铺垫。此外，分享结束后，引导已经购买课程的群员分享学习感悟和心得体会，有助于增加信任感，从而进一步拉动需求刺激购买，如图 4-52 所示。

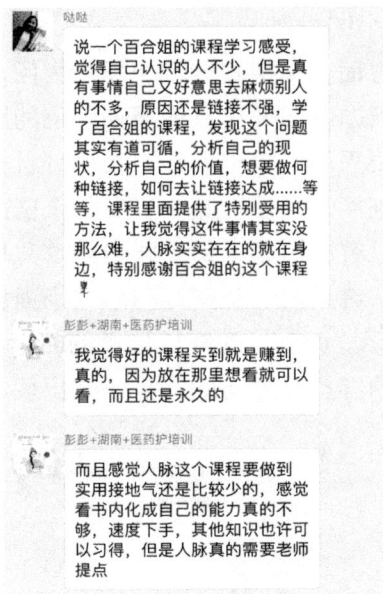

图 4-52　买课群员分享

实战训练

　　假如你需要在社群中以销售酸奶机为目的做分享，你会分享什么主题？

　　（1）如何在一个月内瘦 2 斤。

　　（2）教你自制各种口味的酸奶。

　　（3）美容养颜的 7 个小妙招。

05 Chapter

第 5 章
软文营销的组合投放
和效果评估

通过阅读本章内容，你将学到：

- 软文投放的媒体组合策略
- 软文营销的效果评估

// 5.1　软文投放的媒体组合策略

由于任何一种媒体都不可能覆盖广告的全部目标人群，因此企业在策划一个广告活动时，常常不止使用一种广告媒体，而是有目的、有计划地利用多种媒体来进行广告的传播。媒体组合通常是指在同一时期内运用各种媒体，发布内容基本相同的广告。媒体组合是大中型企业常用的营销推广策略。如淘宝、天猫，平时会选择在"北上广深"四大城市投放广告；"双 11"期间，更会在全国各大城市的地铁、户外、楼宇、电影院，以及各大视频网站、自媒体等进行大批量的广告投放。

5.1.1　媒体组合的三大优势

1. 扩大覆盖范围

每种媒体都有覆盖范围的局限性，如若将媒体进行组合推广，则可以把大多数目标用户纳入广告影响的范围之内，弥补单一媒体目标用户到达率不高的问题，有利于增加广告传播的广度，扩大广告的覆盖范围。广告的覆盖范围越大，广告的到达率越高，传播的效果越好，推广品牌或产品的影响力越大，知名度越高。

2. 增加传播深度

由于各种媒体覆盖的目标用户有重复的现象，即相当于有部分用户会看到重复的广告，而这部分重合的用户正是重点的目标用户。因此媒体组合的运用，将使得这部分重点用户在不同媒介上接触到同一广告内容的频次增多，这有利于增加广告传播的深度，增加重点目标用户对推广品牌或产品的关注度、记忆点和好感度，购物欲望也随之增强。

3. 媒体优势互补

媒体组合策略不仅能够弥补单一媒体传播的不足和缺陷，还能形成合力，实现优势互补和优势叠加，让广告最大限度地发挥效果，推进广告目标的实现。如广播等听觉媒体传播面广，影响范围大；而报纸、杂志、新媒体等视觉媒体则更为直观具体，能够较为详细深入地介绍推广品牌或产品的信息。将二者结合起来，其广告效果相辅相成、相得益彰，能更有效地增强广告的渗透力和说服力。

5.1.2　两种常用媒体组合策略

企业在选择具体的媒体组合进行软文投放时，通常会考虑两种媒体组合策略：集中式媒体组合和多样式媒体组合。

1. 集中式媒体组合策略

集中式媒体组合策略是指企业将所有的媒体宣传推广费用集中投放在一种媒体上。而在新媒体中，集中式媒体组合策略往往是指针对某一细分用户的账号做广告投放。如某品牌化妆品想在新媒体平台上做新品上市推广，则可能会选取专业的时尚美妆类账号进行集中投放。集中式媒体组合策略适用于有特定细分市场及目标用户的产品，如母婴类产品等。

集中式媒体组合策略可以使企业在某一媒体中占有相对的优势，并在特定的细分用户中产生巨大的影响，有利于提高企业品牌或产品在特定细分用户群心中的熟悉度和好感度。如企业选择在电视的黄金时间或者在高端杂志的大型广告版面等影响力巨大的大众媒体上集中投放广告，还能创造和提升用户的品牌忠诚度。此外，集中在同一媒体上购买广告，可以获得一定的折扣优惠。

2. 多样式媒体组合策略

多样式媒体组合策略是指企业选择多种媒体平台进行广告投放。在新媒体中，多样式媒体组合策略也指选用多个不同类型的账号或不同推广平台投放广告。不同类型的账号指的是时政类、娱乐类、时尚美妆类、母婴类等新媒体平台账号；不同的推广平台指的是微信、微博、今日头条等平台。多样式媒体组合策略适用于有着多样细分市场及目标用户的品牌或产品。一般而言，企业发布新品牌、新产品或是举办大型的活动，通常会采用多样式媒体组合策略加大宣传力度。由于不同的媒体投放需要不同的创意和制作效果，可能会导致企业的推广费用上升。

多样式媒体组合策略相对于集中式媒体组合策略而言，可以扩大广告的覆盖范围，更加有效地提高广告信息的到达率。这种策略还有助于企业通过不同的媒体向不同的目标用户传达品牌或产品的各种独特的性能和卖点。对于同一个目标用户而言，在不同的媒体渠道看到关于同一品牌或产品的不同信息，能够更加全面深入地了解该品牌或产品的卖点信息，有利于促成销售转化。

以中国南方航空公司做活动的软文推广为例。中国南方航空公司以品牌年轻化为目标，在 2017 年 6 月推出"南航夏季旅游节"活动，围绕此活动做软文推广，并选择了 11 个微信公众号作为推广渠道，如表 5-1 所示。

表 5-1 中国南方航空公司活动软文推广媒体组合投放表

媒体名称	媒体定位	投放时间	软文标题	软文的内容及形式
D 记录	推荐有趣的纪录片	6 月 2 日	《这些你甚至未曾想象过的事，都值得一试》	软文内容为南极纪录片，展示南极之美，呼吁"这个夏季，去看、去听、去感受另一种美妙，或荒芜。"从而引出"南航夏季旅游节"活动，并在文末附送机票折扣
爱上看广告	广告片赏析点评	6 月 6 日	《用你的耳朵赢南航免费机票》	软文内容为解析之前南航拍摄的微电影《梦想从心出发》，文末附上"猜方言送南航任何航线机票"活动
剧透大爆炸	快速看电影	6 月 6 日	《动作片就要这么简单粗暴才好看》	软文内容为讲解飞行灾难片《空中营救》并指出剧情中的不合理之处，继而话锋一转，转到"南航夏季旅游节"活动
Running 小记者	儿童原创自媒体	6 月 8 日	《你有没有用礼物毒害过孩子？【小记者麻辣谈】》	软文内容通过小记者对杭州一对夫妇不满儿子挥霍无度的热点事件进行点评，引出小记者父母曾经送给他的礼物，进而点明"让孩子见识更多世界"的活动主题，并在文末附上购票的优惠礼包
艺术维 C	当代艺术科普	6 月 9 日	《想要不一样的人生？来场艺术之旅》	软文内容通过推荐台湾艺术文化之旅的景点，鼓励读者来一场说走就走的台湾艺术之旅，从而自然而然地引出"南航夏季旅游节"活动
侯虹斌	女性情感	6 月 9 日	《娜拉出走之后怎么办？这个问题都问了一百年了‖价值观》	软文内容通过探讨关于女性独立自主的话题，从而引出"女性应大胆地去探索世界"的主题，并附上"南航夏季旅游节"活动的广告及购票优惠礼包

续表

媒体名称	媒体定位	投放时间	软文标题	软文的内容及形式
花花故事会	给孩子讲故事	6 月 9 日	《花花想送听故事的你一张免费机票》	软文内容采用语音讲述了一个《小狼的梦想旅行》的故事，并在文末附上"参与留言互动就有机会获得免费机票一张"活动及购票优惠信息
奇遇电影	电影评析	6 月 11 日	《只花了 1000 万美元，这部脑洞奇大的电影却成为年度佳作》	软文内容围绕着"梦"这个主题解说一部科幻电影，文末提倡"当现实带着它一贯的蛮横撞击到你，或是你已经疲于面对平淡无奇、形同机械的日常，不妨试着做个梦，或暂时脱离大地"引出南航本次活动的主题
野蛮乐评	流行音乐评论	6 月 13 日	《不用费劲存钱，这个夏天就能去这些藏在歌中的绝美风景》	软文内容通过推荐多个歌曲中唱过的美丽景点，引出南航主题活动
谢有顺说小说	文学评论	6 月 14 日	《谢有顺|写作要对萎靡的时代作狮子吼》	软文内容是此账号一篇关于小说写作的垂直内容的文章，在文末链接南航的活动广告
钟叔驾到	汽车相关	6 月 16 日	《钟游|去吧，这个夏天属于车轮之上，白云之间》	软文内容是一篇鼓励大家夏季去旅行的文章，文末附上南航的主题活动

上述 11 篇软文的内容主要围绕"自由"这一主题展开，与南航的品牌调性相契合；且每个平台的软文内容均有不同，以符合各自媒体的原本定位和风格为主。

实战训练

（1）南航此次活动的时间是 6 月 18 日，为什么 6 月 17 日、18 日没有继续安排软文推广？

（2）请思考，为什么同一个活动主题在不同账号上的软文内容均有不同？

微信搜索以下软文，了解账号定位及风格，查看软文广告的植入方式。

（1）《这些你甚至未曾想象过的事，都值得一试》。

（2）《用你的耳朵赢南航免费机票》。

（3）《想要不一样的人生？来场艺术之旅》。

5.1.3　品牌产品四个阶段的软文类型

人的一生要经历婴幼儿、青少年、中年和老年四个阶段，品牌或产品也有相似的生命周期。不同的生命周期决定了软文营销的不同目的及内容。品牌或产品的生命周期曲线如图 5-1 所示。企业在制订软文营销策略时，也应根据企业品牌或产品所处的不同生命周期阶段合理地投放不同类型的软文。

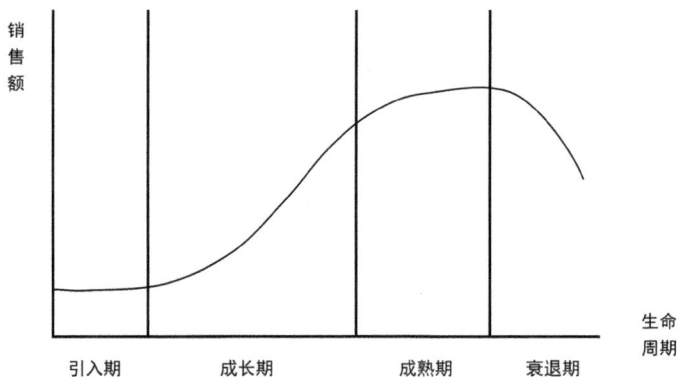

图 5-1　品牌或产品的生命周期曲线

（1）引入期：新品牌建立或新产品上市。此阶段的目标用户对该品牌或产品并不熟悉，企业整体的销量较低。软文营销的目的在于告知目标用户，让用户认识和了解该品牌或产品。

（2）成长期：此阶段的目标用户已经开始熟悉品牌或产品，有大量的用户开始购买甚至是重复购买产品。此时，软文营销的重心应从介绍品牌或产品的卖点信息转到建立品牌或产品的形象上来。

（3）成熟期：此阶段的市场需求趋向饱和，品牌或产品销量增长平缓甚至有下降的趋势。面对激烈的市场竞争，此时企业的营销策略往往会选择做更多的活动以刺激销量增长。此阶段的软文营销主要为宣传活动服务。

（4）衰退期：此阶段的品牌或产品销量明显下滑，企业会根据自身的情况制订相应的营销策略，而软文营销的策略也应根据企业的总体营销策略做相应的调整。此阶段有部分企业会选择继续采用过往的软文营销策略，也有部分企业会将所有的营销费用集中投放在拥有精准用户的渠道上，还有部分企业会直接放弃投放软文广告。

实战训练

　　某知名护肤品牌的新品面市，需要你写一篇软文为此新品做推广，你会选取哪个角度作为软文的写作方向？

（1）重点介绍品牌及品牌故事，让更多的用户了解品牌。

（2）推广品牌活动，呼吁更多的用户参与活动。

（3）告知用户新品面世的消息及新品卖点。

（4）触动用户转发。

// 5.2　软文营销的效果评估

　　企业中的任何工作都有一套评估办法，以检验工作成效。软文营销也同样如此，虽然内容优质且利于搜索的软文可长期在互联网上传播，效果会有一个长期沉淀的过程，但仍需做到效果可评估，以指导接下来的软文写作及投放。软文营销的效果评估一方面可促使软文撰写者对自身工作进行优化，另一方面也能体现工作成效。

5.2.1 四种方法评估软文营销效果

企业需通过具体的数据来衡量软文营销效果。根据不同的软文营销目的，应选择不同的数据及方法进行效果评估。常用的软文营销评价方法有投入产出比评价法、搜索引擎收录评价法、转载率评价法和流量评价法。

1. 投入产出比评价法

此类评价方法适用于以促进销售为目的的软文，是将企业进行软文营销期间所产生的销售业绩与同期的销售业绩进行对比，软文营销投入的费用与销售业绩增长额进行对比。简而言之，即计算企业在软文营销中投入的费用能产生多少效果，带来多少销售转化。其计算公式是："投入产出比=（软文投放后产品的销量−软文投放前产品的销量）×产品单位利润÷投入费用"。在一般情况下，软文的投入产出比数值越高，说明单位软文营销成本带来的销量增长就越大，软文营销的效果就越好。

如某高端品牌毛巾投放软文，平时 3 天的毛巾销量为 600 条，软文投放期间 3 天的销量为 1200 条；每售出一条毛巾能获取 10 元的利润；软文营销的投入费用为 5000 元，则该软文投入产出比的计算公式如下。

软文的投入产出比=投放软文后增加的收益/软文营销的投入费用

$$=（1200-600）\times 10 \div 5000=1.2$$

因此，在软文营销评估的 3 天时间里，企业每投入 1 元即可带来额外 1.2 元的利润增加。由此看来，该品牌毛巾未来还可继续采取此种形式的软文营销。

2. 搜索引擎收录评价法

此类评价方法适用于在网络门户投放的软文。具体的评估方法：软文投放前，在百度、搜狗、360 搜索等各搜索引擎中搜索相应的关键词，记录检索到的数据结果。软文投放后，再次检索，将检索结果与之前的结果进行对比。通过数据对比能更客观地评价软文的投放及收录效果。

例如，企业要投放一篇关于碧欧泉男士祛痘洗面奶的软文，投放前先在百度搜索软文相关关键词如"洗面奶"等，记录检索数据及排名，如图 5-2 中的左图所示。投放后再查看检索数据及排名，并与之前的结果进行对比，如图 5-2 中的中图和右图所示。如果收录情况更优、排名更靠前，则意味着软文营销的效果较好；反之则效果不佳，应及时调整策略。

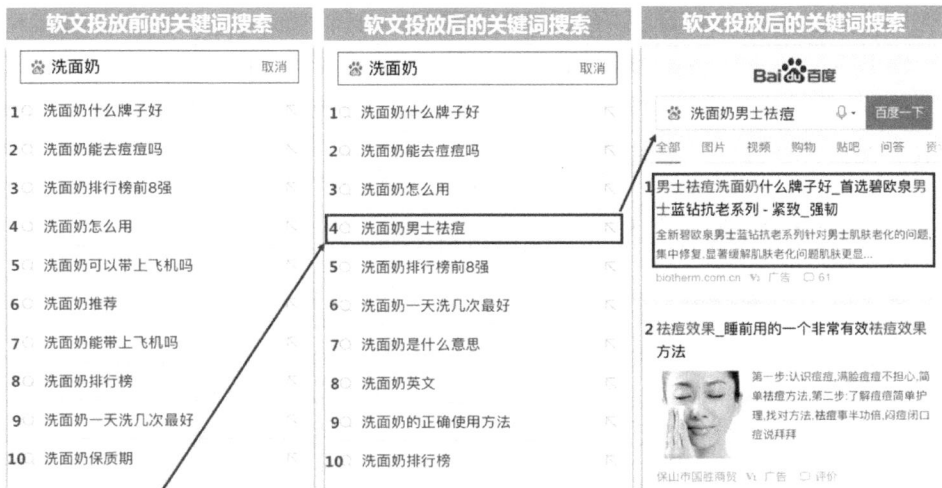

图 5-2　搜索引擎收录评价法案例

3．转载率评价法

此类评价方法主要适用于网络门户及新媒体软文。转载率评价法又称为二次传播量评价法，它是指企业发布软文后，在搜索引擎上查找自己发布的软文，查看除企业自主发布的平台外，还有多少其他平台对该篇软文进行了免费转载。软文的转载量越大，软文营销的效果就越好。此外，微信朋友圈的转发量可通过微信检索来查询数据。

4．流量评价法

此类评价方法主要适用于以推广网站或 H5 页面活动为目的的软文。流量评价法是指所投放的软文能给推广的网站或 H5 页面活动带来多少点击量，即计算从软文跳转到相应推广链接或页面的点击量，这可通过站长工具来统计。

此外，阅读量也可作为考核流量的一个重要指标，如微信公众号、微博头条、今日头条等可直接查询具体的阅读量，通过阅读量来查看和评估软文的覆盖范围。

不同的软文目的及不同的投放平台还会有一些具体的评估方法差别，如论坛软文，会评估转载率及置顶率，也会用以上四种方法进行组合评估。因此，做软文营销效果评估时，应主要根据具体情况来确定。

综上所述，软文营销效果的评估需根据不同软文的营销目的选择一种或多种评价方法进行。如以品牌推广为主要营销目的的软文，则侧重考查其流量和转载率；以产品销售为目的的软文，则侧重考查其投入产出比的数据等。对于运用多种评价方法进行软文效果评估的企业，建议给各个评价方法设置权重，并通过计算综合权重得出评估数据。

5.2.2　两个角度总结软文营销效果

基于以上四种评价方法的数据表现，可直接看到软文营销的效果，但对负责软文写作及软文投放的人来说，工作仍未结束。软文写作者需梳理本次软文写作方面的优缺点，以便于后期改善，而软文投放者也需对本次软文的投放平台、时间等进行及时的总结和复盘，以积累经验，便于后续投放工作的完善。

1．软文写作的两个总结角度

（1）标题：积累有效的标题素材库

与同平台往期软文的阅读量进行对比，如本次阅读量明显高于往期阅读量，则可说明本次标题更精准有效。认真分析软文标题更有效的原因，以便于后期继续使用。例如，有些软文标题附上"内含福利"或"免费试用"等字眼，直接的利诱会带来更高的阅读量，由此便可知此类方法有效，后期可在预算允许的情况下继续增加此类活动，并在标题中附上优惠活动的关键词。当软文投放数量达到一定程度后，即可针对投放的不同标题类型做评估，建立企业自身有效的标题素材库，以便于为后期软文标题的撰写提供参考。

（2）内容：积累内容选题素材库

如果软文营销的目的侧重于品牌推广，则可根据软文的阅读量、留言评论数及转载率评估软文的内容效果；如果软文营销的目的侧重于产品销售，则可根据软文实际转化率评估软文的内容效果。通过收集这些数据并与往期软文的数据进行对比，分析软文选题是否能够吸引目标人群的兴趣，是否能够实现最终的销售转化。当此类数据积累到一定程度时，即可对不同选题进行比较评估，建立专属于企业的内容选题素材库，以便于为后期软文选题提供参考。

2．软文投放的两个总结角度

（1）媒体组合的选择是否有效

根据各媒体平台的投放效果评估本次媒体组合是否有效，对于软文投放效果良好的媒体，可考虑继续投放；对于投放效果不好的媒体，可暂时放弃。根据营销目的及成本动态调整媒体投放策略，对于投放效果较好的同类媒体，需考虑是否有必要进一步拓展。具体做法需记录各投放平台的软文阅读量、留言量、转载率及转化率，并将各投放平台的数据进行对比分析和评估。

（2）软文投放时间及频率安排是否妥当

软文投放后的复盘和总结，还应考虑其投放时间和频率安排是否妥当。如大型活动的系列软文投放是否做到有节奏地推进，软文在活动的预热、启动、高潮、持续及结束五个阶段的投放时间及频率安排是否合理，并将亮点和需改善的地方一一记录下来，真实地反馈软文营销工作成效，有助于积累相关的投放经验。

5.2.3　一张表格搞定软文营销总结

为便于对软文营销效果进行复盘和总结，可采用以下软文营销总结表进行记录，如表 5-2 所示。

表 5-2　××软文营销总结表

选项	具体内容	备注
活动效果综述		此项对整体软文营销效果进行简述，可分为三点来写： （1）本次活动的目标及实际达成情况 （2）亮点 （3）优化点
软文营销目的		列出本次软文的营销目的，一般分为品牌传播、产品销售、活动推广等
软文营销目标		填写原本设置的目标，如阅读量"200W+"、销量 5 万元等
实际达成情况		填写软文营销目标的实际完成情况
软文营销费用		填写软文营销各项费用明细

续表

选项	具体内容	备注
软文各平台具体效果		填写投放的具体媒体平台及相应的效果数据
本次软文营销亮点		从目标达成、软文写作、软文投放等方面分析本次软文营销的优点
本次软文营销待优化点		从目标达成、软文写作、软文投放等方面分析本次软文营销的缺点并提出改善建议

　　软文营销分为软文营销调研、营销策划、软文写作、软文投放、营销效果评估五个操作步骤。软文营销效果评估的结果又可作为下一轮软文营销调研及营销策划的信息来源和决策依据，从而形成一个闭环。记录并整理软文营销总结表可为下一轮软文营销提供参考。

06 Chapter

第6章
软文营销的注意事项及风险防范

通过阅读本章内容，你将学到：

- 软文营销的五大注意事项
- 软文营销常见的三大误区
- 软文营销的四大风险及防范

// 6.1 软文营销的五大注意事项

软文营销是中小企业扩大品牌影响力和进行市场推广的重要手段。相对于其他营销推广手段而言，软文营销是一种对营销人员实践操作要求相对较高的营销方式，它涵盖了市场调研及分析、内容策划及创作以及市场营销活动等方面。因此，为了促使软文营销达到理想的效果，企业在实践和操作过程中要注意以下五大事项。

6.1.1 了解产品及目标用户

撰写软文前，软文营销人员首先需要深入了解企业的品牌及产品，包括但不限于企业文化、品牌主张、产品卖点、功能特点、外观设计等方面，便于在撰写软文内容时更巧妙地植入品牌或产品信息；其次需要做好市场调研和用户画像，了解目标用户的偏好属性，才能有的放矢，达到预期的软文营销效果。一篇优质的软文，通常能从读者的角度出发，通过给读者提供所需的信息或引起读者的情感共鸣后引出品牌或产品信息，从而形成良好的口碑传播，达到最终的营销目标。

6.1.2 设置抓人眼球的标题

随着新媒体时代的到来，人们获取信息的方式和阅读的习惯发生了很大的改变，运用网络搜索查询已成为人们获取信息的主要途径，但同时也意味着人们的注意力会被网上的海量信息所分散。因此，一篇软文如果缺少一个能在众多信息中脱颖而出、迅速抓住人们眼球的标题，即便内容再优质，也会被海量的信息所埋没。软文标题的竞争已成为内容竞争的首要战场。

一个好的软文标题，既要符合用户的搜索习惯，又要在第一时间吸引用户的注意。因此，标题除了要设置目标用户在搜索引擎搜索相关信息时常用的关键词外，还要设置能引起用户注意或兴趣的关键词。此外，标题字数一般控制在 15～25 字会更符合用户的阅读习惯。因为字数太少将无法涵盖足够的关键信息，让用户难以搜索到该软文；字数太多则无法第一时间抓住用户的注意力，从而导致用户直接屏蔽该软文。不同平台的软文标题字数要求略有不同，公众号的软文标题字数相对短一些，头条号的软文标题字数则相对长一些。

6.1.3　合理借助社会热点

由于社会热点新闻、话题或事件常常自带流量，很容易引起广大用户的关注。因此，如果撰写软文时能够合理地结合社会热点进行借势或造势，将大大增加软文的曝光度，从而提升企业品牌或产品的知名度，并最终促成销售转化，如图 6-1 所示。

值得注意的是，并不是所有的热点都可以用来借势。软文撰写者需要判断热点是否与品牌的定位、调性以及长期的营销策略相符，通过与热点结合来制造品牌正面的记忆点，提升品牌影响力，让目标用户对品牌产生良好的印象和信任。切忌盲目跟风，生拉硬拽地蹭热点反而会让软文营销的效果事倍功半，甚至会给品牌带来负面影响。

图 6-1　借助热点的软文案例

6.1.4　软文内容价值化

一般而言，一篇宣传企业品牌或产品的纯广告文章很难引起用户关注并促使其阅读全文，因此也就难以促成用户分享和销售转化，无法起到明显的广告效果。而一篇好的软文则是双向的，既能让用户在文章里找到自己所需的信息，为用户分享经验、提供价值，有助于建立用户信任及口碑；也能让用户了解软文撰写者所要宣传的内容，"潜移默化"地影响用户决策，促使用户自发地分享转发软文和购买产品，如图 6-2 所示。

图 6-2　内容价值化的软文案例

6.1.5　巧妙植入引导语

几乎每篇软文都有一个共同的目标，那就是实现用户导流，即将用户导流到企业官网、微信公众号的关注页、推广活动页及产品购买页等落地页。企业通过用户导流实现品牌曝光或产品的销售转化，这就要求软文撰写者在写作软文时在正文中巧妙地植入引导语。

优质的引导语是能从用户的需求出发，在确保用户拥有良好阅读体验的前提下，通过层层铺陈渲染，让用户感同身受，或心生向往或产生恐惧，"润物细无声"地引导用户实现点击、关注、转发以及销售转化等目标。此外，文末还可加入利益诱导的引导语来增强软文营销的效果，如图 6-3 所示。

图 6-3　利益诱导型引导语的软文案例

// 6.2　软文营销常见的三大误区

随着传统营销方式的效力逐渐下降，作为一种高性价比且行之有效的营销手段，软文营销日益受到更多企业的认可和重视。但很多企业往往因为没有把握住软文营销的核心，缺乏一个系统的流程，容易陷入各种误区中。企业在进行软文营销的过程中，要注意以下常见的三大误区。

6.2.1　软文营销实施操作的误区

在实际操作中，很多中小企业在软文营销的整体实施中缺乏一个系统的策划流程，他们单纯地认为软文营销就等同于软文撰写及发布。但事实上，成功的软文营销要充分发挥软文的催化作用，让企业实现品牌形象提升及产品销售转化等营销目的。

因此，企业进行软文营销时并不仅是简单地撰写及发布软文，而是需要谋定而后动的。这就要求企业在明确目标用户并找到产品核心卖点的前提下，有计划、有步骤地对软文进行撰写投放、推广维护及后续评估，即运用第 2 章提到的软文营销操作流程的五个步骤去系统化实施。

6.2.2　软文策划及写作的误区

由于很多中小企业在进行软文营销时缺乏一个完整的营销策划流程，经常是接到任务就直接开始着手写作软文，因此往往导致软文营销没有重点。不是"眉毛胡子一把抓"，把所有想要传达给用户的信息全部填进软文中，让用户费解难以记忆；就是"捡了芝麻丢了西瓜"，搞不清主次，让软文营销的效果事倍功半甚至徒劳无功。

企业品牌处于不同的发展阶段，其软文营销策略和写作重点也会有所不同。企业新品牌上市推广，此阶段软文营销的重点在于突出品牌核心卖点，让用户认识和了解该品牌；成长期的企业品牌，其软文营销的重点在于树立良好的企业品牌形象，增强用户信任；成熟期的企业品牌，其软文营销的重点在于提升及维护品牌形象，刺激销售增长。此外，软文标题和内容的撰写也要根据发布平台的属性稍作调整，切忌同一篇软文不做任何修改就发布到各种不同类型的平台上。

6.2.3 软文投放及维护的误区

很多企业认为软文投放得越多，就越容易被各大搜索引擎收录，以至于盲目追求软文数量而忽视质量。但是这种批量式地投放内容质量不高的软文，反而会导致软文的效力递减，甚至可能给企业带来负面的影响，让用户产生反感心理。因此，企业进行软文投放时应统筹兼顾软文的"质"和"量"。

企业在进行软文投放时除了要重视软文的内容质量外，还要注重发布平台的选择。很多企业在软文投放前并没有对发布平台进行评估和测试，而是盲目地投放大型门户网站，最终导致营销成本增加却收效甚微。因此，企业应该在软文投放前做好平台评估，如平台的调性是否与企业相符，平台的粉丝是否与企业的目标客户群相匹配，粉丝的活跃度是否够高等因素都需要综合考虑，选择好主要及辅助的投放平台后进行组合投放。此外，软文发布后还需根据企业的需求调整投放策略并对软文进行后续维护，以便让软文营销的传播效果最大化。

// 6.3 软文营销的四大风险及防范

软文营销对于很多企业而言，是一种低门槛、高回报的营销手段，但也是最容易带来麻烦和风险的营销方式。因此，企业在软文营销实操中要注意以下四大风险并做好防范措施。

6.3.1 操作风险及防范

1. 软文过度包装的风险

在软文营销的实操中，营销人员通过软文与用户进行沟通。为了说服用户购买产品，营销人员在撰写软文时难免会出现夸大其词、过度包装等现象。如果完全脱离实际过分吹嘘和放大产品的功效，对产品存在的问题和潜在的风险避而不谈，轻则会导致企业形象和声誉尽毁，用户对企业产生怀疑、丧失信任，产品严重滞销，资金回笼困难；重则导致企业面临破产倒闭及因虚假宣传而承担法律责任等风险。

市场上"包装过度、言过其实"的软文营销案例并不在少数，"标题党"

行为更是层出不穷。例如，某网站焦点频道在转载原标题为《海教园房价飙2W 竟难抢 低价学区房或将绝迹》的文章时，将网站首页推荐位的新闻标题改为《津 500 套房竟引千人暴乱》。为博取受众的关注，文章标题不惜罔顾事实，使用"引千人暴乱"等夸大、猎奇性字眼渲染炒作房价，引起购买恐慌。

国家网信办对于互联网新闻信息标题"歪曲原意，背离正确导向""无中生有，违背真实原则""以偏概全，歪曲炒作报道""虚假夸大，引发社会恐慌""炫富享乐，宣扬扭曲价值观""格调低俗，挑战公序良俗"等违反《互联网新闻信息服务管理规定》《互联网信息服务管理办法》中提及的"七条底线"和"九不准"等相关法律法规的行为，将依法进行查处。因此，在软文营销实操中，把握好产品的宣传包装尺度是关键，主要可以从以下两个方面着手。

一是在软文营销的调研阶段，要对产品或服务有深入全面的了解。除了在企业内部了解产品或服务的性能、功效等情况外，还要向用户或第三方了解产品的实际效果及使用情况，以确保用于撰写软文的信息和数据真实有效。此外，软文中涉及数字和承诺性内容的描述需反复核查并谨慎使用，对于可能存在过度包装的地方要适度调整。

二是查询行业相关的法律法规及《中华人民共和国广告法》（以下简称《广告法》）等相关法律条文中禁用的词汇，并对比和判断软文中所使用词汇是否合法合理。如房地产行业常用的"全国第一""销售冠军""顶级"及教育行业常用的"最优秀""金牌""独创"等极限性词汇；化妆品及医药行业常用的"×天见效""疗效最佳""药到病除""无效退款"等承诺性效果类词汇都被应杜绝使用。在软文撰写和自检的过程中，要避免使用此类词汇。

拓展阅读

（1）百度搜索《互联网新闻信息服务管理规定》及《互联网信息服务管理办法》，查看和了解相关法律法规。

（2）百度搜索和查看《广告法》中禁用的词汇，并进行整理汇总。

2. 软文书写错误的风险

在第 2 章软文营销策划部分也提到过，软文在投放之前需重新检查和仔细校对。软文一旦发布，错误就难以修改，严重时会让企业陷入法律纠纷甚至对社会造成危害。软文中常见的错误包括文字、数字及逻辑关系等错误。为避免此类错误及风险的发生，软文营销人员需制订标准化的自检和校对流程。

首先，校对文字，特别是软文中所涉及的名称，包括但不限于地名、人名、企业或组织机构名称、商标及商品名称等，都需认真地核对一遍。除了名称外，同音字错误也属于软文中常见的文字错误，拿捏不准时切记要查询确认后再使用。

其次，校对数字。软文中所涉及的数字，包括但不限于日期、时间、金额、数量等单个数据或区间数值，都要仔细地核查一遍。没有依据的或是敏感易引起争议的数据，尽量不要做精确化表述，而要适当模糊化处理。软文一旦发表，就会长期留存下来，如果其中提及的数据不够客观可信，则容易遭人诟病。

最后，校对逻辑关系。快速通读一遍全文，查看其逻辑关系是否清晰合理，语句是否通顺连贯。对于语义语境存在不合理的地方，要反复阅读找出问题所在并加以修正。自相矛盾、因果倒置、论据和观点无关等常见的逻辑错误要尽量避免。

除此之外，标点符号和行动目标也需要校对。软文营销人员可参照国家标准《标点符号用法》（GB/T 15834—2011）来核对软文中的标点使用是否正确。而行动目标的校对则主要检查软文中的关键词植入是否合理，配图与内容是否相符，插入的超链接或二维码是否能够打开等。

企业的软文营销人员可把这些要素制作成表格以便检查和校对，如表6-1所示。除了自行检查外，还可以通过与其他同事交叉校对，杜绝各类错误的发生。

表 6-1　软文校对清单表

校对要素	具体内容
文字	软文中所涉及的名称，包括但不限于地名、人名、企业或组织机构名称、商标及商品名称等是否正确；软文中是否存在错别字
数字	软文中涉及的数字，包括但不限于日期、时间、金额、数量等数据是否正确
逻辑关系	软文的逻辑关系是否清晰合理，语句是否通顺连贯
标点符号	软文中的标点符号是否正确
行动目标	软文中的关键词植入是否合理，配图与内容是否相符，插入的超链接或二维码是否能够打开

拓展
阅读

百度搜索《标点符号用法》，学习标点符号的正确使用方法。

6.3.2 投入风险及防范

企业做软文营销时，如果没有提前做好调研和评估就贸然把资金投入进去，很容易导致钱花了却没有对产品销售和企业品牌影响力的提升起到任何效果。对于企业而言，只要投入就会存在风险，想要完全规避这种投入风险是不可能的。但是，要让软文最大限度地持续发挥作用，需要做好以下两个方面。

一是要做好阶段性营销目标分解，制订软文分步投放策略。首先，需根据企业软文营销的总体目标去分解和细化阶段性目标。其次，依据各阶段性目标拆解总费用预算并制订软文分步投放策略，包括软文投放平台的筛选、软文投放数量和时间的确定及对应的费用预算等。最后，在确定重点投放平台后，先投入小部分费用进行测试，如效果较为理想，则可增加费用投入，以降低其投入风险。切忌花重金盲目投放某一个大型门户网站或广撒网式投放。

二是要做好软文营销效果的跟踪工作，制订评估和考核机制。软文营销人员在软文投放后需做好跟进维护工作，并根据企业的需求及投放的实际效果及时调整和持续优化策略，以确保软文营销的传播效果最大化。此外，企业还需对软文营销效果进行评估，并将营销人员的业绩考核与实际投放效果进行挂钩，这既有助于促进企业达成营销目标，又有利于调动员工积极性。

6.3.3 道德风险及防范

在软文营销过程中，有些中小企业为了博取大众眼球，让软文获得更好的传播效果，追求自身利益的最大化，不惜恶意炒作或蓄意制造舆论热点，还有的不惜捏造事实、散布谣言，以吸引用户眼球，误导用户看法，博取用户同情，让用户上当受骗。这些行为将导致企业面临道德层面的风险，以及经营效益和信誉的损失，严重时还会受到法律的制裁。

为了眼前的蝇头小利去做一些违背社会道德且消耗企业品牌信誉的行为，对企业的长远发展而言是有百害而无一利的。企业想要规避这类风险，在进行软文营销时就要把握好尺度，在确保产品或品牌的研发背景、生产过程及性能功效等关键环节客观真实的前提下，提炼产品或品牌的核心卖点进行适度的包装和修饰。只有依托事实、兼顾企业和消费者双方利益的软文才能站得住脚，让用户产生认同和信任，才能经得起市场的考验。

6.3.4　法律风险及防范

1. 侵犯著作权风险

著作权又称为版权，是指作者对其创作的文学、艺术和科学技术作品所享有的专有权力。在软文营销的操作中，要注意以下四种构成侵犯著作权罪的行为。

第一，未经著作权人许可，复制发行其文字作品、音乐、电影、电视、录像作品、计算机软件及其他作品的行为。

第二，出版他人享有专有出版权图书的行为，或者把作品编辑加工后，经过复制向公众发行的行为。

第三，未经录音录像制作者许可，复制发行其制作的录音录像的行为，这是一种侵犯录音录像制作者著作邻接权的行为。

第四，制作、出售假冒他人署名的美术作品的行为，这是一种借他人之名非法牟利的行为。

2. 侵犯肖像权风险

肖像权是自然人所享有的以自己的肖像上所体现的人格利益为内容的一种人格权。肖像权包括公民有权拥有自己的肖像，拥有对肖像的制作专有权和使用专有权，公民有权禁止他人非法使用自己的肖像权或对肖像权进行损害、玷污。

《中华人民共和国民法通则》第一百条规定：公民享有肖像权，未经本人同意，不得以营利为目的使用公民的肖像。由此可见，构成侵犯公民肖像权的行为通常应具备两个要件：一是未经本人同意；二是以营利为目的的行为。侵犯了他人的肖像权，即使用者在主观上希望通过对他人肖像的使用获得经济利益。但是，所谓的"营利"并不需要有营利的事实，只要有营利的主观意图，有客观营利的行为，无论行为人是否实现营利目的，都构成侵权。

常见的侵犯公民肖像权的行为，主要是未经本人同意、以营利为目的使用他人肖像做商业广告、商标、商品装潢、橱窗装饰及书刊封面等。除此之外，恶意毁损、玷污、丑化公民的肖像，或利用公民肖像进行人身攻击等，也属于侵犯肖像权的行为。对于侵犯肖像权行为，受害人可自行制止。例如，请求交出所拍胶卷，除去公开陈列肖像等；也可以依法请求加害人停止侵害，恢复名誉，消除影响，赔礼道歉，并要求赔偿损失等。

在软文营销中，常见的侵犯肖像权的情况都是因为软文中使用肖像配图引起的。建议软文中尽可能避免使用肖像配图；如果一定要使用，则应该尽量以新闻性报道软文的形式出现。此外，软文中的内容表述必须是正面积极的，有利于肖像本人社会形象的。

近年来，软文中特别喜欢搭配使用明星照片，特别是医疗机构、美容机构、服饰和餐饮公司等，对此要特别谨慎使用，避免引起诉讼纠纷。

3. 侵犯名誉权风险

名誉权是指人们依法享有的对自己所获得的客观社会评价、排除他人侵害的权利。名誉权主要表现为名誉利益支配权和名誉维护权。《中华人民共和国民法通则》第一百零一条明令禁止用侮辱、诽谤等方式损害公民、法人的名誉。

在软文营销过程中，常见的对法人名誉的侵害主要表现为诽谤和散布有损法人名誉的虚假消息，通过制造谣言以达到吸引广大网民关注的目的。如虚构某种事实，诬陷某企业的产品质量低劣，企图用不正当的竞争手段搞垮对方等，这些都是侵害法人名誉权的侵权行为。

在软文营销实操中，软文撰写者必须杜绝以下三种情况。

第一，在软文中故意使用他人真实姓名，或即使未写明他人的真实姓名，但对人物特征的描述有明显的指向和影射的行为，如软文内容存在侮辱、诽谤等情况，致使他人名誉受到损害的，则构成对他人名誉权的侵权。

第二，行为人撰写和发布软文时，不仅正文内容要真实客观，标题部分也不能侵权。即使软文的正文内容没有侵权，但如果标题侵犯他人名誉权的，基于软文标题和正文形式上的分离，仍被认定为名誉侵权。因为行为人既不能确保那些只看标题的受众会点击链接阅读全文，也不能保证那些点进去的受众会仔细阅读全文。失实的标题容易给受众造成误导，并影响受众对他人的看法，最终影响他人的社会评价。

第三，对生产者、经营者、销售者的产品或服务质量进行批评、评论，内容基本属实，不涉及侮辱、诽谤等内容的，则不会被认定为侵犯他人名誉权；但如果评论内容失实，借故侮辱诋毁他人致其名誉受损的，则会被认定为侵犯他人名誉权。

4. 不正当竞争侵权风险

不正当竞争是指经营者以及其他有关市场参与者采取违反平等、公平、诚实守信等公认的商业道德的手段去争取交易机会或者破坏他人的竞争优势，损害消费者和其他经营者的合法权益，扰乱社会经济秩序的行为。

不正当竞争的表现形式多种多样，在软文营销的实操中，要注意以下三种会构成不正当竞争侵权的行为。

第一，虚假宣传行为。利用软文广告对商品的质量、制作成分、性能、用途、生产者、有效期限、产地等做引人误解的虚假宣传。

第二，侵犯商业秘密行为。披露、使用或者允许他人使用其通过不正当手段所掌握的商业秘密。其中，"商业秘密"是指不为公众所知悉、能为权利人带来经济利益、具有实用性并经权利人采取保密措施的技术和经营信息。

第三，诋毁商誉行为。捏造、散布有损竞争对手的商业信誉、商品声誉的虚假信息，损害竞争对手形象和利益。